iyi ki **kita**

TİMAŞ YAYINLARI
İstanbul 2014

timas.com.tr

ESKİ DÜNYA SEYAHATNAMESİ
İlber Ortaylı

TİMAŞ YAYINLARI | 3578
Kültür Tarihi Dizisi | 16

EDİTÖR
Adem Koçal

DÜZELTİ
Tuğçe İnceoğlu

KAPAK TASARIMI
Ravza Kızıltuğ

1-9. baskılar *Aşina Kitaplar* tarafından yapılmıştır.

(Genişletilmiş ve Gözden Geçirilmiş)
10. BASKI
Haziran 2014, İstanbul

ISBN
ISBN 978-605-08-1668-6

9 786050 816686

TİMAŞ YAYINLARI
Cağaloğlu, Alemdar Mahallesi,
Alayköşkü Caddesi, No:5, Fatih/İstanbul
Telefon: (0212) 511 24 24
P.K. 50 Sirkeci / İstanbul

timas.com.tr
timas@timas.com.tr
facebook.com/timasyayingrubu
twitter.com/timasyayingrubu

Kültür Bakanlığı Yayıncılık
Sertifika No: 12364

BASKI VE CİLT
Sistem Matbaacılık
Yılanlı Ayazma Sok. No: 8
Davutpaşa-Topkapı/İstanbul
Telefon: (0212) 482 11 01
Matbaa Sertifika No: 16086

ESKİ DÜNYA SEYAHATNAMESİ

İlber Ortaylı

TİMAŞ

İLBER ORTAYLI

1947 yılında doğdu. Ankara Üniversitesi Siyasal Bilgiler Fakültesi (1969) ile Ankara Üniversitesi Dil Tarih Coğrafya Fakültesi Tarih Bölümü'nü bitirdi. Chicago Üniversitesi'nde master çalışmasını Prof. Halil İnalcık ile yaptı. "Tanzimat Sonrası Mahalli İdareler" adlı tezi ile doktor, "Osmanlı İmparatorluğu'nda Alman Nüfuzu" adlı çalışmasıyla da doçent oldu. Viyana, Berlin, Paris, Princeton, Moskova, Roma, Münih, Strasbourg, Yanya, Sofya, Kiel, Cambridge, Oxford ve Tunus üniversitelerinde misafir öğretim üyeliği yaptı, seminerler ve konferanslar verdi. Yerli ve yabancı bilimsel dergilerde Osmanlı tarihinin 16. ve 19. yüzyılı ve Rusya tarihiyle ilgili makaleler yayınladı. 1989–2002 yılları arasında Siyasal Bilgiler Fakültesi'nde İdare Tarihi Bilim Dalı Başkanı olarak görev yapmış, 2002 yılında Galatasaray Üniversitesi'ne geçmiştir. İlber Ortaylı, Uluslararası Osmanlı Etüdleri Komitesi Yönetim Kurulu üyesi ve Avrupa İranoloji Cemiyeti üyesi, Makedonya Bilimler Akademisi üyesi, Rusya Bilimler Akademisi Şarkiyat Enstitüsü Onursal Profesörü'dür.

Yayınevimizdeki Diğer Eserleri

Osmanlı İmparatorluğu'nda Alman Nüfuzu (1980)
Gelenekten Geleceğe (1982)
Osmanlı Toplumunda Aile (2000)
Osmanlı Mirası (2002)
Osmanlı'yı Yeniden Keşfetmek (2006)
Son İmparatorluk Osmanlı (2006)
Osmanlı Barışı (2007)
Üç Kıtada Osmanlılar (2007)
Tarihin Sınırlarına Yolculuk (2007)
İmparatorluğun En Uzun Yüzyılı (2008)
Tarihimiz ve Biz (2008)
Türkiye'nin Yakın Tarihi (2010)
Defterimden Portreler (2011)
Tarihin Gölgesinde (2011)
Yakın Tarihin Gerçekleri (2012)
Cumhuriyet'in İlk Yüzyılı (2012)
İlber Ortaylı Seyahatnamesi (2013)
İmparatorluğun Son Nefesi (2014)

İÇİNDEKİLER

YENİ BASKIYA ÖNSÖZ

Eski Dünya Seyahatnamesi rastgele bir isim değil. Henüz Balkanlar ve Ortadoğu'nun eski havasını muhafaza ettiği günlerdeki gezilerimi içeriyor. Bugün Ortadoğu bir harabe... Tarihte yeri çok önemli ama bir o kadar da tahrip olmuş bir dünya... Kitapta da bahsettiğim gibi Ortadoğu otantik bir yapıya sahipti. Bugün o özellikleri taşıyan bir ülke yok. Mesela Türkiye de otantik bir ülke değil artık. Avrupa kendini daha iyi koruyor. 1960 yılında gördüğünüz bir sokağı bugün de görebilirsiniz. Fakat bugün aynısını İstanbul için bile söyleyemeyiz. Balkanlar eski sosyalist düzenden çıktı. Yenisinin mutlu bir dönem getirdiğini söylemek için henüz erken... İtalya nüfusu azalan, eskiye nazaran refahı artan ama dinamizmi ve hayatiyeti kaybolan, beşeri mirası elan muhafaza eden, muhteşem bir ülke... Bir ülkeyi bir daha gördüğünüz zaman önünüzde aynı tablo olmaz. Tarih, gezginin vazgeçemeyeceği bir değerlendirme alanı... Benim eski dünyam, bugün artık değişiyor. Hepsi kırk, hatta elli yıl öncesinin gezileri...

Türkler eskiye nazaran dünyayı daha çok gezmeye başladılar. Önce alışveriş merakı, sonra yeme-içme derken tabiat ve tarih de devreye girdi. Kitapçıların vitrinlerini artık seyahat rehberleri işgal ediyor. Gezi kitapları daha çok okunur hâle geldi. Seyahat yazılarına önem veriyorum ve okuyucuların geçtiğimiz yıl yayınlanan *İlber Ortaylı Seyahatnamesi*'ne gösterdikleri ilgiden dolayı da müteşekkirim.

Eski Dünya Seyahatnamesi'nin ilk baskısının hazırlanmasında büyük emeği olan Aşina Kitaplar'dan Ali Kemaloğlu'ya ve makalelerin redaksiyonunu yapan İsmail Küçükkaya'ya, yayına hazırlıkta görev alan Neslihan Atatimur, Gonca Tatar, Mehmet Kemaloğlu, Ayşen Bingöl ve Engin Karaca'ya; Timaş Yayınları'ndaki baskı için dikkatli bir şekilde çalışmaları yürüten Timaş Tarih Editörü Adem Koçal'a teşekkür ederim.

İLBER ORTAYLI
Galatasaray Üniversitesi
28 Mayıs 2014

ÖNSÖZ

Bizim neslin içinde erken denebilecek bir yaşta yurtiçinde ve yurtdışında gezmeye başlamış talihli insanlardanım. Bu talihimi büyük ölçüde kendi gayret ve inadıma, ebeveynimin kıt kaynakla da olsa bahşettiği imkânlara borçluyum. Ama bazen onlarla bile seyahat severliğim konusunda ihtilafa düşmüşümdür. Fizik olarak da dünyaya gözümü seyahatle açtım. Hiç alakası olmayan bir ülkede doğdum. Alakası olmayan yerlerden geçip ülkemize ulaştım.

Şuursuzca tamamladığım bu uzun gezileri şuurlu olarak çok erken yaşta tekrarlamaya başladım. Kıt paramla Avrupa'daki demiryollarının ikinci mevki vagonlarında oradan oraya gezindim. Küçük bir bavul ve seyahat rehber kitaplarımla çıktığım yolculuklarda insanlarla gevezelik etmekten büyük zevk duydum. Viyana kafelerinde ihtiyarlarla konuştum. Şam'da baklava ve meyve tatlısı yedim ve bir imparatorluğun Ortadoğu'da hepimize bıraktığı en önemli ortak miras, yani Türkçe sayesinde her yere girip çıktım.

42 yıl evvelin imkânlarıyla Suriye'yi, Venedik'i tanıdım. Soğuk Harp sıralarında Viyana'da bulunmanın imtiyazından yarar-

landım. Çekoslovakya'ya, Macaristan'a rahatça girip çıktım. Ol vakit Japon turistlerle dolu değildi. Almanlar da bölgeye henüz çok az geliyordu. Avrupa'nın en önemli operalarından olan Prag ve Budapeşte'de opera temsillerini istediğim gibi, localarda takip edebildim. Buna talebe bütçem yetiyordu. Floransa'da Uffizi Galeri'de henüz kuyruklar yoktu. Vatikan'da Sistina Şapeli'nde veya Pinokoteka'da itiş kakış olmadan rahatça ziyaret yapabiliyordum. Yunanistan rahattı. Balkanlar çok sıcakkanlıydı. 1972'de gördüğüm Saraybosna, Bursa'nın kopyası idi.

Ama asıl el değmemiş ve güzel olan bizim ülkemizdi. Antalya Konyaaltı Plajı'nda hiç kimseler yoktu. Kumsalın önünden geçen Sideli korsanların, Deniz Tanrısı Poseidon'un ve "nereid"lerin hayaliyle denize giriyordum. Aksaray Niğde'si ile Sultanhan üzerinden Konya'ya ulaşmak 13'üncü asırdaki ipek yolculuğunu neredeyse tam lezzetiyle veriyordu. Tozu toprağı dâhil...

Tek talihsizliğim ömür boyu uykusuz gecelerde ezberlediğim Rusçayı ancak 40 yaşımda ana ülkesinde kullanabilmek olmuştur. Neyse ki Gorbaçov devrinde eski Rusya'nın henüz izleri silinmemişti. Şimdi o bile yok. Peki Rusya öyle de bizim ülke daha mı farklı? Utanmaz inşaat histeryasıyla hangi şehir ve kasabamızda eski hava kalabildi ki?

1960'larda İzmir'i, Ege havalisini gezen, Antalya, Anamur ve Mersin'i arşınlayan, Karaman ve Konya'da kalan, 1950'lerin İstanbul'unda yaşayan, Bursa'nın hayal gibi ortamında gezinen bizler için bu arsız değişim bir ızdıraptır. Bütün bu havalide Türkiye kadar kentleri ve tabiatı tahrip eden bir ülke belki ancak Mısır'dır. Bir ölçüde de Yunanistan... Bu yazılarımı bir araya getirirken gençliğimin Akdeniz ve Ortadoğu'su ile şimdikini karşılaştırmaya gayret ediyorum. Değişme kaçınılmazdır. Ama Vandalca değiştirmeye tahammül etmememiz gerekir.

İLBER ORTAYLI

Benim için çok heyecan verici bir çalışma olan "İlber Ortaylı ile Seyahatname" projesinin hazırlıkları bir yıldan fazla sürdü. Sevgili Hocamızla çalışırken renkli ve emsalsiz tecrübeler edindik, kendisinin engin bilgi ve birikimi, cihanşümul hafızası ve tarihin derinliklerinden damıtılmış hatıraları bize ışık tutuyor. Hocamızın "seyyah kişiliği" ile 40 yılı aşkın bir süredir Osmanlı coğrafyası üzerinde katettiği yollar sanki tarih üzerindeki ayak izleriydi. Bir kısmına bizim de katıldığımız Ortaylı seyahatlerinde zamanı ve mekânı aşıp kendisiyle birlikte tarihin katmanlarında dolandık.

İtiraf etmek gerekir ki çok meşgul olması ve özellikle Topkapı Sarayı'ndaki vazifesi dolayısıyla seyahatname çalışmamızı yürütmemiz hiç kolay olmadı. Meşakkatli bir süreç oldu. Ama inanıyoruz ki gayretlerimize değdi; kalıcı, öğretici ve keyifli bir eser ortaya çıktı. Kendisine minnet ve şükranlarımızla...

İSMAİL KÜÇÜKKAYA

KIRIM

ECDAD TOPRAĞI

Kırım toprağına ilk defa IBM'in bir gezisiyle gittim. Karaköy'den kalkan deniz yollarına ait gemi betahsis bizim için tutulmuştu. Bütün gün ve bütün gece konferans ve konserlerle geçti. Gezi Livadiya, Yalta ve Odessa limanlarını içeriyordu. Bu şehirler hakkında izahat verecektim. Oysa daha kendim bile görmemiştim. Görmemiştim ama çok dinlemiş, çok okumuştum ve haritadan da âdeta ezberlemiştim. Nitekim verdiğim konferansta bu açığa çıktı. Merhum Mükrimin Halil Yinanç Hoca, "Bana Mekke'de Hz. Ali'nin evini gösterin, bütün şehri bulurum" demiş. Benimki de o hesap... Şehirlerin nirengi noktasını bulduğum an öbürü arkadan geliyordu. Tarih ise zaten içimdeydi. Sabahın ilk ışıklarıyla Kırım toprağı göründü. Yalta Limanı'na yaklaştık. Uzaktan Gurzuf kasabası görünüyordu. Benim için yabancı bir silüet değildi. Puşkin de orayı çok sever. Aslında sade o değil, herkes genellikle bu kasabayı sever.

Sahile çıktığımızda hava değişimi için gelen Azerbaycanlılara rastladık. Elbise ve deri palto almak istiyorlardı. Ticaret yeryüzünden kaybolsa Azerbaycan halkı yeniden bulur. Şehirde Kırımlılara tek tük rastlanıyordu. Orta Asya sürgününden henüz dönmeye başlamışlardı. Sözü edilen meşhur Kırım balından aldım. Üç hafta sonra tamamen şeker kestiğini görecektim. Bir yerin halkı sürülünce önce bağ ve kovanlar bozulur. Çehov'un kaldığı yeri, Buhara emirinin yazlığını tek tek gezmek nasip oldu, hoş bir memleket... Karadeniz'in kuzeyinde, güneyinden farklı olarak Akdeniz bitki örtüsü ve serviler daha hâkimdir.

Sahile hâkim Yayla Dağı, Ukrayna steplerinden gelen soğuğu keser. Akşama kadar Yalta, Livadiya ve Voronzof'un İngiliz tarzındaki sarayı gezildi. Ünlü Yalta Konferansı bu mahalde tertiplenmişti.

Ecdad memleketinin bu ucunda Kırım Hanlığı'nın ve Osmanlı döneminin izlerine pek az rastlanır. Bunun için Sudak gibi Selçuklu ve Ceneviz limanlarına uğramak gerekir. Onu da başka bir gezide yapmak nasip oldu.

Akşam olmadan tekrar gemiye bindik. Kiev Operası'nın en seçkin tenor ve muganniyelerinin, piyanistlerinin verdiği konseri dinledik. Sovyet Rusya dışarıya açılmıştı, o vakit herhâlde IBM'in verdiği ücret çok cömert bir hediye olmuştu kendilerine. Ertesi gün Odessa'da uyandık. İşte benim bildiğim Odessa, limana inen merdivenler... 1905 İsyanı sırasında Potemkin zırhlısının ziyaretini izleyen kitlelere açılan yaylım ateşi... Merdivenleri tırmandıktan sonra Odessa'da sürgünde yaşayan Puşkin'e şehir halkının iane toplayarak yaptırdıkları büst...

Bu büst Puşkin'in en realist büstü olarak değerlendiriliyor. Gerçekten de Büyük Petro'nun Arabı denilen Habeş asıllı yetenekli komutan İbrahim Ganibal'ın bütün yüz çizgileri bu dâhi torunun yüzünde görülüyor. Puşkin şiirlerinde soyunu methederken; "Benim ecdadım Rusya tarihinde Romanovlardan da eskidir" der. Muarızları da "Evet, dedeniz de bir şişe roma satın alınmış bir köleydi" demişlerdir.

Odessa Operası'nda maalesef bir temsil izleyemedik. Ama bina muhteşemdi ve şehir hoştu.

II. Katerina hiçbir şey yapmasa bile Rusya'ya Odessa'yı hediye etmiştir. Bizim Osmanlı'nın Hocabeyi'nin biraz ötesinde bu şehir ortalığı kasıp kavuran kum fırtınaları ve susuzluk yüzünden başarılı bir seçim sayılmaz. Ne var ki yeni kurulan Novorossiya eyaletine vali olarak Fransız İhtilali kaçkınlarından değerli bir adam, ünlü kardinal Richelieu'nun büyük yeğeni Dük Richelieu tayin edildi. Bu zat Odessa'yı ıslah etti. Fransa'dan gelen mülteciler Rusya'ya katkılarını göstermişlerdir. Nitekim şehir büyümeye ve imar edilmeye başlanmıştı. Bizzat Çariçe II. Katerina'nın emirleriyle Rusya'da kendilerine tahsis edilen getto kasabalar, yani *staetl*'lerden çıkması yasak olan Yahudiler de Odessa'ya yerleşebiliyordu. Kısa zamanda şehir onların gayreti ve kazanma hırsıyla üretmeye başladı. Selanik'le nüfus olarak mukayese edilebilecek bir Yahudi şehri hâline geldi.

Ruslar, Almanlar, Baltıklılar ve nihayet Odessa'nın bugünkü sahibi Ukraynalılar. Ukraynalılar şehrin köy kökenli proleterleriydi. Şehir gelişti, zenginlik akıyordu, eğitim gelişiyordu. Tabii sonradan görmelik de onun yanında boy atıyordu. Parlak restoranlarda yiyip içerek, "Parası bizden değil mi?" deyip şan olsun diye kristal aynaları votka kadehleriyle kıran adamlar dışarıya çıktıklarında 50 kapik için faytoncuyla kavga ederlerdi. Odessa çok zor bir ihtilal yılı geçirdi. Daha büyük tahribatı da II. Cihan Harbi'nde gördü. Nihayet II. Cihan Harbi'ndeki savunmasından dolayı "kahraman şehir" unvanını aldı. Bugün Odessa Karadeniz'in bir limanıdır ve Türkiye'ye açıldıkça da ticaret ve özellikle de bavul ticareti sayesinde hareketlilik geldi. Şehir harap ama güzelliği görülüyor. Yıldan yıla da restorasyonla güzelleşiyor, daha da güzelleşecek.

Kırım'a ikinci gidişim Kiev Üniversitesi'nde Omeljan Pritsak'ın tertiplediği Osmanlı Kongresi'nden sonra oldu. 12 saat süren zorlu bir yolculuktu. Perekop'tan ecdad toprağına geçtik. Chicago Üniversitesi'nden tanıdığım Prof. Dr. Yaroslav Stetkieviç "Ey Mirza, memleketinize hoş geldiniz!" dedi ve şerefe kadeh kaldırdı. Bu jesti doğrusu unutamam. Yollarda kolhoz üyeleri nar ve elma gibi meyveler satıyorlardı. Sebze ve meyvesiyle meşhur bir ülkeye gelmiştik. Ama Bilkent'ten Hakan Kırımlı "Sebze ve meyveciliği berbat etmişler" yorumunda bulundu. Eski devirde nerede, kimin arazisi var saymaya başladı: "Sizinki şuradaydı, Şirin Mirza'nın arazisi güneyde daha büyüktü." Hafızaya bak! Başka istatistikleri de sayıyordu. Hepsi de Çar devrine aitti. Ne yazık ki pratik faydası yok. Araziler gitmiş.

Akmescid'e, yani II. Katerina devrinde verilen isimle Simferopolis'e geldik. Kırım'daki isimlerin hepsi farazi isimlerdir. Katerina'nın bürokratları koymuş. Gözleve'ye Eupatoria, Akyar'a Sivastopol, Kefe'ye Theodosya deniyor. Hiçbirinin eski Yunan'la alakası yok. Akmescid, Çarlık Rusya'sının bir taşra şehri gibiydi. Yanı başındaki Bahçesaray, Kırım hanlarının asıl merkeziydi. Burada Hansaray'ı gezdiğimiz zaman yine Puşkin'in büstünü gördük. Eğer onun "Bahçesaray Çeşmesi" adlı lirik şiiri olmasa muhtemelen Hansaray da pek korunmayacaktı. Rusya İmparatorluğu'nun büyük şairi, aynı zamanda o ülkenin hakiki sahiplerine de hizmet etmiştir. Tarihî varlıklarını korumakta ön ayak olmuştur. Zincirli Medrese'yi gezdik. Zincirli Medrese,

Kırım hanlarının yaptırdığı bir eğitim kurumudur. Osmanlı'nın sarayları, İstanbul'un taklidi, Kırım'da Hansaray, Lübnan'da Beytüddin aynı şeylerdir. Zincirli Medrese'nin avlusunda bir ara sadece sefil bir akıl hastalıkları hastanesi vardı. Hastaların hâli bize harap olmuş bir eserden çok daha fazla dokunmuştur. Bir köşede de İsmail Gaspıralı'nın mezarı vardır. Bu kabir, bir millî abide mesabesine çıkmıştır. Gaspıralı, İstanbul Türkçesini temel alan fakat sadeleştirilmiş bir Türkçe ile ilk defa Türk dış dünyasının en yaygın gazetesini çıkarmıştır. Doğu Türkistan'dan Tuna Volga boyuna ve İstanbul'a kadar her yerde okunan bir gazete *Tercüman*... Bu gazete hâlen muhteva analizine tabi tutulmuş değildir. Daha acısı, memleketin bugünkü sakinleri, yani Kırım Türkleri bunu Tatarca çıkan bir gazete olarak düşünüyorlar. Çünkü içindeki Arap harfleriyle yazılı Türkçeyi okumaktan uzaklar. Ne olduğunu ancak kendileri okuduktan sonra anlayabilecekler. İlk defa İstanbul Türkçesini müşterek edebî bir dil olarak kullanan ve mesaisini bu dil üzerinden ifade etmeye çalışan bir yazar ve bir gazete... Bahçesaray'da açılan bir okul, 20 yıl içinde sayısı beş bine varan şubelere ulaşmıştır. Bu sayede Türk dünyası eğitim reformunu tamamlamış sayılmalıdır; eğitimin esas hatları ortaya çıkmış,Türkçe bir yurttaş dili olmuştur.

Gözleve'ye gittiğimiz zaman burada Sinan'ın tersimi olan hoş bir camiye ve yanı başındaki havrada Karay Türklerine rastladık. Ne kadar güzel bir Türkçe ve o ne güzel türküler! Karaylar, Yahudiliğin içinde bir mezhep... Kırım Karayları Türk'tür. Kırımlıdır. Lakin bu mezhebin içinde olup; Yahudiliğe mensuptular. Bu merkezi görmek beni çok duygulandırdı. Sayıları 900 kadar olan bu cemaat Kırım'ın iktisadı ve kültürel hayatında çok aktif bir rol oynuyor. Onlarla konuşmak, türkülerine katılmak bütün grup için çok eğlenceli olmuştu.

İlk gün bu geziyi tamamladıktan sonra ertesi gün Kefe'ye ve Solhad dediğimiz eski Kırım'a gittik. Kefe'yi gördüğüm zaman Bizans ve Ceneviz kaleleri ile bir İzmir limanını geziyor hissine kapıldım. Burası bana Kadifekale'yi hatırlattı. Rahmetli babamın İzmir'i niye sevdiğini ve bana âdeta irsî şekilde bu sevginin nasıl bulaştığını anladım.

Akdeniz ve Karadeniz, bu civardaki medeniyetlerin meydana getirdiği bu tip kozmopolit ama özgün merkezlere sahiptir. Kefe, aslında benim yurdum sayılır. Bir başka gidişimde soyadımızın geldiği yerleşmeyi bana gösterdiler. Bomboş, boşaltılmış bir köydü. Sadece Romalıların Kartacalılara yaptığı gibi boşaltılıp ekilmiş yıkık bir mihrap buldum. Üç gezide de göze çarpan bir şey vardı: Sovyetler idaresi maalesef halklar arasında bir dostluk yaratamamıştı. Aksine yıkıldıktan sonra geride kalan harabede milletlerin birbiriyle günlük hayatta çatıştıklarını görüyorsunuz. Demiryolu bileti mi alacaksınız, istasyon şefinin hangi milletten olduğunu bilmek zorundasınız. Kıt olan bileti böyle bulursunuz. Mağazalarda da aynı yola başvurmak gerekir. Âdeta elinizde bir milliyetler matriksi ile dolaşacaksınız. Her yerde Ukraynalı Rus ve yeni gelmeye başlayan Kırım Türkleri arasındaki çatışma ve gerilimi görüyorsunuz. Bu gerilimin içinde enteresan uzlaşmalar çıkıyor. Karaylar, ırken yakın olmalarına rağmen Kırım Tatarlarından ziyade Ruslarla yakın olmayı tercih ediyorlar. Ukraynalılar da kardeşleri olan Ruslar yerine Kırım Türkleri tarafında olmayı yeğliyorlar. Bu gibi kombinasyonlar ne siyasi parti ne de hükümet çalışmaları safhasında kalır. Dediğim gibi günlük hayata ve alışverişe kadar akseder.

Yeryüzünün en bereketli, en hoş havalı memleketlerinden biri maalesef feci bir çevre kirlenmesine uğramıştır. Pek çok yerde açılan kum ocakları, kıyıların faunasını mahvetmiştir. Bazı yerlerde korular yok edilmiştir. Memleketteki bütün coğrafya isimleri değiştirilmiştir. Ama trajikomik bir örneğe rastladım. Daha evvel Bezbağla adını taşıyan ve köydeki çok uzun bir çınara adak için bağlanan çaputlardan oluşan ananenin, o yerin yerli ahalisi sürülüp yerine Ruslar geldikten sonra da yaşadığını gördük. Köyün adı yine Bezbağla olarak kalmıştır ve gençler yavukluları için yine o ulu çınarın tepesine kadar tırmanıp çaput bağlamışlardır. Hatta bir delikanlının yavuklusunu ne kadar sevdiğini göstermesi için bileklerine çaputları bağlayarak en tepeye kadar tırmandığını gördüm. Bazı âdetler zaman ve mekân tanımaz, devam eder.

Kırım Yarımadası'nın zirai kapasitesi düşüktür. Ne eski inek bakımı ve süt üretimi ne de eski arıcılık var. Ama galiba var olan tek şey umut... Bu yoğun olarak yerleştirilmiş adada insanların ihtiyacı olan huzurdu. O da acaba var mı ve bilemem devam edecek mi?

ORTADOĞU

KIRK YIL ÖNCESİ

Ortadoğu; yani daha 80 yıl kadar önce Osmanlı mülkünün parçası, dedelerimizin, babalarımızın memur olduğu yer hakkında bilgisizliğimizin sonsuzluğu anlaşıldı (hoş 40 sene önce de öyleydi).

Dört asırlık hâkimiyetimiz boyunca Yemenlilerin başlıca meşgalesi olan, öğleden geceye kadar çiğnedikleri ve her Allah'ın günü dağdan şehre aparttıkları "kat" yaprağının ne menem bir şey olduğunu ancak 19'uncu yüzyılda resmen merak etmişiz. Tanzimat bürokratları, Yemen vilayetindeki "kat" yaprağının ne olduğunu sorup rapor istiyorlar. Dört asır boyu Evliya Çelebi olmasa, topunu elde tuttuğumuz Arap ülkelerinin, Mısır'ın geniş tasvirini yaptık diyebileceğimiz bir eser yok, yıllık hacla ilgili hoş bir edebî eser ararsanız Urfalı Nabi'nin ünlü manzum eseri vardır. Buharlı gemiler ve demiryolu çağı olan son asırda dahi Direktör Âli Bey'in *Seyahat Jurnali* veya daha geç devirde Babanzade'nin *Seyahatname*'si gibi eserler, Batılı seyyah ve ziyaretçilerin binlerce günlük ve seyahat rehberi ile kıyas kabul etmez.

Refik Halit'in (Karay) *Gurbet Hikâyeleri* gibi şaheseri, velev vatana duyulan özlem dolayısıyla kaleme alınsa da, o ülkeleri çevre olarak seçen ve edebiyatımıza ithal eden bir eserdir. Eğer üstad Refik Halit de olmasa dört asırlık Suriye ve Lübnan modern edebiyatımızın dışında kalacaktı. "İyi ki üstadı 150'likler arasında oraya sürmüşüz, velev imparatorluk yıkıldıktan sonra da olsa, oraları bize tanıtan bir yazar" diyeceğimiz geliyor.

Bizim olan Ortadoğu konusundaki bilgisizliğimiz devam ediyor: Gazetelerde ilkel coğrafya yanlışları, 80 yıl önce bu coğrafyanın parçası olan yerlerin adlarını İngilizce üzerinden yanlış olarak zikretmek gibi televizyon konuşmalarında yapılan telaffuz hataları (televizyonun belgesel dizilerinde Tripolis, Aleppo tipi laflar duyarsınız) vb. Gazetenin birindeki arkadaş, Jerusalem'i Kudüs'ün kuzeyinde bir yer sanıyordu. Daha beteri, bölgeyle ilgili olarak dilimizde yer eden deyişleri dahi yanlış yazmak bilgisizliğimizin sonsuzluğunu gösteriyor.

Bu bölgeyi tanımak için hepi topu üç dilde; Arapça, Farsça, İbrancada uzmanlaşan kadrolara ihtiyaç var. Dededen kalma Osmanlıcayı bilmek de yeter; kendi geçmişimizle ilgi kurmak, etrafla da tanışmak gerek. Bunu başarırsak ne yanlış bir Arap düşmanlığı ne de İslam birliği hayali kurarız. Arap âlemi de insan ve kavimlerden oluşuyor. Kendi geçmişimizi de daha soğukkanlı ve bilinçli olarak öğrenmek için bu gerçeği kavramalıyız. İmparatorluğumuzu yıktığı söylenen Arabizmin gerçekten yıkıcı olup olmadığını anlamak için (bana göre çok temel bir unsur da değildi) Ortadoğu'yu incelemeliyiz. Osmanlı Arabistan'ını, Amerikan ve İsrail akademik çevrelerinden okuyup öğrenmek pek sağlıklı ve ciddi bir yöntem değildir. İbranca öğreniniz; bu İslam medeniyetinin metinlerini anlamakta da yardımcı olur ve bugünkü İsrail'i de anlamamıza yardım eder. Çünkü dindarı da laiki de İsrail'i abartıyor. O ülkeyi ve toplumu kendi imkânları, imkânsızlıkları ve sorunları ile boğuşan bir ülke olarak tanımak zorundayız. İsrail bir efsane değil, kendine göre çıkmazları olan bir Ortadoğu ülkesidir.

Nihayet, atalarımızın Anadolu'ya gelmeden önce kaç asır oturduğu ve hâlâ da nüfusunun önemli bir kısmını kuzenlerimizin teşkil ettiği, edebiyatımızın ve dilimizin istesek de istemesek de, sevsek de sevmesek de atamayacağımız yüzde 40'ını oluşturan İran'ı ve dilini tanımalıyız. Bunları tanısak köylü kurnazı politikalardan, saatler süren bilgisiz demeçlerden ahaliyi ve kendi nefsimizi azat etmiş oluruz.

Ben Avrupa'da doğdum ama bilinçli bir gözle ilk önce Ortadoğu ülkelerine adım attım. Mesela 1967 yılının bahar günlerinde otobüsle İskenderun üzerinden Suriye'ye girdik. Bölgeye ilk seferim değildi. Daha önce de güneyden, Nusaybin'den kara trenle o tarafa geçmiştim. Hatırlıyorum, Suriye'de Meydan-ı Ekbez'de bizim kara trenin oraya göre lüks mevki olduğunu görmüştük. Aktarma yapılan vagonlar Sultan Abdülhamid döneminden kalmaydı. Vagonların önündeki uzun bacalı lokomotifin üstünde bir levha vardı: "Société Suisse pour la construction des locomotives 1894." Vagonların yan tarafı ve üstü, içinden daha havadar olduğundan zaten kalabalık olan yolcular orayı tercih etmişti. Ben tavana yerleşenlerdendim.

Tren insandan bir şahmeran gibi çuf çuf çuf ilerliyordu. Baharda Suriye, hele Halep eyaleti pek bir güzel olur. Ol vakit sokaklar fes ve peçe ile doluydu. Halep'in güzelleri de ipek yaşmak altında daha bir güzeldi. Şehirde Osmanlı etiketi varlığını sürdürmeye devam ediyordu. Çarşıdaki lokanta ve tatlıcılarda aşçıbaşı ve personel, sıraya dizilip müşteriyi ihtiramla karşılayıp uğurlardı. Dahası muhteşem kalenin eteklerindeki Halep'te çarşısından ücra sokaklarına kadar Türkçe konuşuluyordu. Halep bir güzellikti, Şam başka bir güzellik... O devirde fakirlikten değişemeyen geçmiş, bugün dahi bilinçli olarak korunuyor.

Nusaybin'e gitmek için tren katarları sınırdan çıkıp Suriye'ye girer, Suriye'nin Meydan-ı Ekbez İstasyonu'na uğrar ve tekrar Türkiye'ye dönerdi. İki arada bir derede Meydan-ı Ekbez'in ölçülerine göre lüks sayılan kara trenden inip, 1960'larda Suriye'de hâlen kullanımda olan sözünü ettiğim bu Osmanlı dönemi vagonlara yığılıp Suriye içlerine girmek sadece kaçakçıların değil, bazı öğrencilerin de ilginç bir sporuydu. Bizim nesilden birçok kişi Avrupa şehirlerinden evvel Suriye ve Lübnan gezileriyle dünyaya açılmıştır. Garip bir etkilenme süreci yaşanırdı; kıtlık içindeki Türkiye gençliği Lübnan'ın görgüsüz tüketiciliğini Avrupa uygarlığı olarak değerlendirir, Suriye'nin geleneksselliğini gericilik olarak görür, bazıları da Baas Partisi'nin meydanlardaki afişlerini veya sokak tiyatrosu misali gösterilerini ilericilik ve sosyalizm zannederdi.

Ortadoğu coğrafyasının en renkli bölümü Türkiye-Suriye-Lübnan-Filistin çizgisidir, iklim renklidir; mevsimden mevsime, bölgeden bölgeye farklılık gösterir. Bu bölgelerde Akdeniz'in bereketiyle, step veya çölün gizemli kıtlığı yan yanadır. Tarihin katmanları ve beşeriyetin macerası her an önümüze çıkar. 1960'lı yıllarda sınırı geçince ayrı bir dünyaya girdiğimiz açıktı. Bu ülkelerde orta sınıfın farklı bir yaşamı vardı. Güney ülkelerinde sanayileşme ve gümrük duvarı ya yoktu ya da ciddiyetle uygulanmadığı için Türkiye orta sınıfının kahve sıkıntısı ve yerli malına hapsi gibi dertler buralarda pek yoktu. 40 yıl önceki öğrenci gezilerinde hissettiğim egzotik havayı yine hissediyorum.

1960'ların Halep ve Şam'ı, insanlarının kılık kıyafeti dahi bizim Osmanlı mazimizi hatırlatırdı. Bugünkü Halep için aynı şey söylenemez. Minaredeki ezan hoparlörden okunuyor ve bizdeki gibi makamlı; Şam'dan farklı, kadınların kıyafeti bizdeki gibi rengârenk, kapalı ve açık. Trafik rahatsız edici... Farklar d'a var; Suriye hormonsuz sebze ve meyve yiyor, Şam ve Halep'in nüfusu da Ankara ve İstanbul gibi 10 misli artmasına rağmen ne gökdelenler şehri boğuyor, ne eski yapıların yerini briket binalar istila etmiş, ne de yeşillik alanlara kaçak yapılar dikiliyor. Zaten yeşillik alan Suriye'de bütün Ortadoğu şehirleri gibi en son düşünülen şey ama yeşil sahayı yok etmekte olan İstanbul'un, hele Bahreyn'in imar gaddarlığı buralara çok uzak. Halep'te Türkçe yine ikinci dil, kalabalık Ermeni nüfus yine Türklere karşı cana yakın ve Suriye mutfağı yine bütün lezzeti, satvetiyle devam ediyor.

Osmanlı eserleri, şehrin ekonomik hayatını canlandıran büyük han ve çarşılar ile bir ihtişam sergileyen zarif ve büyük camilerdir. Halep'te Sahat El Hattab denilen semtte Osmanlı döneminin en güzel taş konakları yer alır. 18'inci asra ait Beyt Vekil, 16 ve 17'nci asırlara ait Beyt Gazali ve bir Hıristiyan'ın oturduğu Beyt Açıkbaş; bu konutların biri müzedir ve itiraf etmek gerekir, o dönemin İstanbul'unda Halep ve Şam'daki gibi zengin kâgir konutlar bulmak mümkün değildir. İstanbul şehri kamusal binalarla göğe yükselirken, Halep ve Şam halkı kâgir saray yavrularında ikamet etmeyi tercih etmiştir. Bilhassa Hıristiyan tacirlerin bu lüksünü görmek mümkündür. Şehrin tüccarlarından George Antaki'nin dedelerinden kalma konağına girdiğiniz vakit, 18'inci asrın ikinci yarısına ait portrelerin yer aldığını görürsünüz. Halep'in zenginleri İstanbul'daki vezirlerden evvel Avrupalı ressamlara portrelerini yaptırmışlardı.

Arap köylerinin yanında iki bin yıllık geleneğini koruyarak hâlen Hz. İsa gibi Aram dili konuşan -mesela Mal'ula gibi- köyler var. Bu kadar renkli bir bölgeyi Bizans kolay yönetemedi. Ancak eski Büyük Roma ve Osmanlı buraya birkaç yüzyıl hükmedebildi. Halep halkı içinde sadece Türkler değil, Araplar da Türkçeye düşkün; iyi bilenler var, kırık dökük konuşanlar var ve dahası öğrenen pek çok sayıda genç var.

Suriye toplumunun dağınıklığı yanında kendine özgü, haddeden geçmiş unsurları da var. Halep'teki İtalya Fahrî Konsolosu George Antaki'nin evinde bir görüşmedeyim; bu Katolik aileye Batı uygarlığının unsurları iki asır evvel girmiş. Antaki'nin büyük büyük babalarının portreleri yanında Suriye arkeolojisine ve Osmanlı dönemine ait seçkin bir koleksiyon var. Suriye'de olmayan şey dışa açılımdır. Büyükelçimiz Halit Çevik ve Başkonsolosumuz Hulusi Kılıç, iki ülkenin tüccar ve sanayicilerini bir araya getiriyor. Halep Başkonsolosu Hulusi Kılıç iki ülkenin sınır valilerini buluşturuyor, işadamlarıyla devamlı toplantıda. Suriye'deki Türk diplomatları eskisi gibi kabuğuna çekilen takımdan değil, isteseler de çekilemezler. Coğrafi ve iktisadi kanunlar iki ülkeyi bir arada olmaya zorluyor. Kimse imparatorluk hayali peşinde değil ama I. Cihan Harbi'nin bir deprem gibi yıktığı eski barışçı dönemin yeniden canlanması gerek.

Suriye parası değerliydi. Çarşıları, bizde olmayan Avrupa mallarıyla doluydu. Ama bu ülkenin 1960'lardaki Türkiye'den bile daha örgütsüz ve durgun olduğu açıktı. Bir okulda devrimin yıldönümü dolayısıyla tören vardı; valinin de bulunduğu seyircilerin arasında bir devrimci mim tiyatrosu seyrettik. Hiç de kötü değildi. Ne var ki sokaktaki hayat, bu oyuna ve atılan nutukların ruhuna ne kadar uyuyordu? Üretimin artmadığı yerde her şey boş slogan olarak kalmaya mahkûmdur. İnsanlar cana yakındı, hep öyleler. Arap aleyhtarı söylemlerdeki gibi "umacıya" falan benzemiyorlardı. Her köşeden iki bin yıllık tarih fışkırdığından, insanlar her zamanki gibi o tarihle diyalog hâlindeydiler.

Güneyimizdeki ülkelerin bir özelliği vardır; bizim aksimize askerlik ve bürokrasi geleneği olmayan halklardır bunlar. Kolay örgütlenemezler, disiplinleri ve toplumsal bilinçleri zayıftır, cevvaliyet ve hırslarında süreklilik yoktur. Ama dillerine, edebiyatlarına, ananelerine düşkündürler. Yaşadıkları günün ve bulundukları çevrenin tadını çıkarırlar. Geçmişleriyle diyalogları vardır. Mesela komşu İran'da da bu vasıf daha bariz ve güçlüdür.

Suriye'den Lübnan'a geçtik. 1967 yılında Lübnan gümrüğünün pırıl pırıl hâli ve memurlarının şık kıyafetleri sadece komşu Arapları değil, bizi de kıskandıracak boyuttaydı. 1967'de Lübnan zengindi ve iyi yaşıyordu. Tarihî tesadüfler ve dış dünyanın örgütlemesiyle gelen bu zenginlik, Lübnanlılar tarafından değerlendirilemedi. Uzun bir iç harple bu yaşam sona erdi. Bugün gerçi bir dirilme ve pişmanlık dönemine girdiler ama eskiyi aynen inşa edemezler. O tarihte Beyrut'taki Casino du Liban'nın Folies Bergère'i aratmadığını söylüyorlar. Bugün orası yine diridir. O zaman her şeyde Batı vardı. Matbaalar ve kitabevleri mükemmeldi. Ama kıyıya yayılan fakir Müslüman Mahallesi de Hıristiyan Cebel'in zenginliğine ateş püskürüyordu. Nasırcılık alıp yürümüştü. Buradan çıkan ikinci ders; iyi bölüşülmeyen gelir de yıkıcı sonuçlar doğurabiliyor.

Ürdün'e geçtik. Fakir ama güzel bir ülkeydi. O zaman Kudüs ve Şeria Vadisi Ürdün'ün elindeydi. Her şeyiyle Ortaçağ yaşanıyordu. Hayatımda Akdeniz medeniyetinin tarihini bu kadar rahat kokladığımı hatırlamıyorum. Ne o Kudüs kaldı, ne o Amman, ne de o Beyrut ve Şam. Kalan şudur; devlet adamı kıtlığı, üretim düşüklüğü ve yurttaşlık bilincinin eksikliği. Kudüs'e 1967'den sonra uzun bir müddet gidemedim. Meşhur 6-7 Gün Savaşı ile elden çıkmıştı. 1986 sonunda uzunca bir süre orada kaldım. Yeni ve eski Kudüs arasındaki bölgede fareler cirit atıyordu. Batı Şeria'ya Yahudiler yerleşiyordu. Kudüs'ü de ilhak etmek istediklerini saklamıyorlardı. İlk anda Araplar bezgindi ve kadere boyun eğmişlerdi. Derken "intifada" hareketi başladı ve iki taraf da tabii sınırlarına çekildi. Kimseyi abartmayalım; bugün eski Kudüs'te Yahudi görünmüyor, Araplar da Yahudi tarafına geçmiyor. İki taraf da zor günler yaşıyor ama barışa çok uzaklar. 1967'de Meydan-ı Ekbez'de rastladığım ihtiyar Suriyelilerin sızlanan sorusu hatırıma geliyor: "Nerdaa, Osmanli nerdaa?" Emperyalist ve nostaljik sloganlar atmak niyetinde değilim, sadece durumu tasvir etmek istiyorum. Şimdi Basra, Midhat Paşa'nın eserlerle donattığı bu bölge, tekrar mendebur bir kuvvetin bombalarına maruz kalıyor. Bütün sorun dört asırlık dengeli bir hâkimiyetin üç ay içinde yıkılmasından ileri geliyor. Nasıl düzeleceğini bilen varsa beri gelsin.

KUDÜS

Hiç kuşkusuz Kudüs çok ziyaret edilen bir şehir olarak sayısız seyahatnameye konu olmuştur. Sadece 19'uncu asırda basılan beş bine yakın seyahatname ve kitap olduğu görülmektedir. Fotoğraf koleksiyonlarının sonu yoktur. Kudüs, Osmanlı İmparatorluğu'nda payitaht İstanbul'dan bile daha çok ziyaret ve tasvir edilen bir şehirdir. Ne var ki tasvirler çoğunlukla saf bakışlı ve soğukkanlı adamlar tarafından değil, daha çok bir dinin sadık veya bağnaz mensuplarınca yapılmıştır. Murat Bardakçı'nın, Falih Rıfkı Atay'ın *Zeytindağı* adlı şaheserinden aldığı bir deyişle; "Kudüs, dini oyunlaştıran bir garp tiyatrosudur." Barış şehri, her zaman savaşın ve gerilimin yeri olmuştur. Kiliselerdeki rahipler bile birbirlerine duydukları husumetten dolayı geçen asırda silahla gezerlerdi. Bugün bile ne kadar dost oldukları şüphe götürür. Her mezhep ve tarikat öbürünü dışlayan bir havadadır. Dinler arasındaki kavga ise dünya barışını tehdit etmektedir.

1516 yılı Aralık ayı sonunda Yavuz Sultan Selim Han, kendine özgü Yıldırım Savaşları ile Filistin'i Osmanlı mülküne kattı. Museviler ve Hıristiyanlar gibi Müslümanların da kutsal yeri olan Kudüs, Mekke ve Medine ile birlikte Osmanlı mülkünün gözdesiydi. Dört asır boyunca Kudüs şehri ve halkı imtiyazlı statüsünü korudu. 16'ncı asırdan beri burada önemli vakıflar kuruldu. Vakıf arazilerindeki köylüler daha hafif vergi yükümlülüğü altında bırakıldı. Memlûklar devri eserleri önemli ölçüde tamir gördü; yeni çeşmeler, mescitler, çarşı ve hanlar hanedan üyeleri ve padişahlar tarafından yaptırıldı. Kanuni Sultan Süleyman devrinde 1532-1539 arasında yeniden inşa edilen Kudüs surları hâlen bütün haşmeti ile şehri çevreliyor ve bu nedenle de surların etrafındaki cadde Sultan Süleyman Caddesi olarak adlandırılıyor. Üstelik bu ismi kullanan İsrail yönetimidir.

Memlûklar döneminde Kudüs'te yaşayan ve bu aidiyetle haklı olarak iftihar eden Hıristiyan ve Müslüman halkın arasındaki denge iyi kurulmuştu. Doğrusu yüz yıllık Haçlı Seferleri dönemindeki Batılı terörden hem Müslümanlar hem de yerli Hıristiyanlar çok çekmişti ve bu dönem onlar için verimli bir çağ sayılıyor. 16'ncı asırda İspanyol engizisyonundan kaçan Yahudiler de imparatorluğun birçok yerinde olduğu gibi Osmanlı Kudüs'ünde sığınacak mekân buldular ve Kutsal Topraklar her yıl hac mevsiminde Avrupalı Hıristiyan hacılara kapılarını açtı. Hıristiyan haccının ne kadar güvenlik içinde geçtiğini bu döneme ait sayısız Avrupalı seyahatnameden de anlıyoruz. Osmanlı İmparatorluğu tarihin son Roma imparatorluğudur. Bütün dinler ve dillere mensup tebaanın yoğunlaştığı Kudüs tam 400 yıl boyunca, I. Cihan Harbi'nin sonuna kadar sakin ve dengeli bir hayata sahipti. 1917 sonunda şehrin İngiliz topçu salvolarının altında harap olmaması için Kudüs, Alman genelkurmayının tavsiyesiyle âdeta mücadelesiz bırakılmıştır. Onun yerine savaş şehrin etrafındaki tepelerde aylarca sürdü. Bugün İbrani Üniversitesi'nin bulunduğu tepedeki İngiliz mezarlığında şehit Türk subay ve erlerin mezarları da yer alır.

Kudüs, yeryüzünün ve Mezopotamya'nın en eski şehirlerinden biri midir? Tartışılıyor. Tartışmaya katkısı olacak kazılarla kutsal şehrin altına kanallar açıldıkça, İsrailliler, Kral (peygamber) Davud ve Hazreti Süleyman'ın Kudüs'ünü giderek keşfettiklerini rapor ediyorlar. Filistinliler de kutsal şehrimizin altını oyuyorlar diye feryadı basıyorlar. "Yeruşalayim" sulh ve selamet yeri anlamındadır ama şehrin üç bin yıllık tarihinde ne sulh var ne de selamet.

Bugünkü kavga da şehrin tarih ve karakterinin Yahudilik vurgulanarak çarpıtılması veya tamamen Araplıkla aynileştirilmesi etrafında dönüyor. Hıristiyan cemaatler de taraf tutmaya başladılar. Rum-Ortodokslar Filistin Araplarını tutuyor; zaten kalabalık bir Ortodoks Arap cemaati de var. Ermeniler ise İsrail'in tarafını istilzam ediyorlar. Kudüs Babillilerin, İranlıların, İskender ordularının ve Selevkosların hükmünde kaldı. Milat sıralarında İbranca artık sadece ibadet ve edebiyatta kullanılıyordu. Tüm Yakındoğu'yu Aramca istila etmişti. Yahudilerin dini olmasa, dilleri de bu benzer dilin karşısında eriyip gidecekti. Hazreti İsa dahi Aramca konuşuyordu. Bugün Süryaniler, İsa'nın konuştuğu dille ibadet etmekten gurur duyarlar. İki bin yıl evvel bölgeye hükmeden Aram halkın tek kalıntısı bugün bu cemaattir.

Ortadoğu, dilleri ve etnik grupları yutuyor, çünkü hepsi birbirine benziyor. Ama dinleri pek yutmuyor. Üç semavi din, bütün mezhepleri ve ibadet biçimlerine rağmen farklılık duvarını koruyor. Üç dinin insanları Kudüs'te her zaman çatışma içinde olmasa da sürtüşme içinde olmuş. Aslında bugünün Filistinlisi ile Tevrat'ın İbrani'si arasında ne kadar kopukluk var bilemeyiz. Müslüman fetihleri Araplaşmayı da birlikte getirmiştir. Ama bu dilde oldu, ırk bakımından çok yoğun olamaz.

Kudüs, Haçlıları da gördü; şehir boştu, mahzundu, sur içinde kendileri oturuyordu sadece. 100 yıl kaldıkları yerde Doğu'nun dinini ve kültürünü almadan gittiler. Batı Avrupalı inatçı muhafazakârdır. Müslümanlar kadar Doğu'nun Hıristiyanlarına da dikenlerini gösterir.

Başka bazı şehirler hakkında da bir alay efsane ve menkıbe vardır ama Kudüs inançların şehridir ve insanlar inancın etrafında pek şiddetli kavgalar vermiştir ve vermektedir. Tevrat'taki fasıllar ve kavgalar gerçek mi demeyin; çoğu bugünkülere ideolojik temel oluyor. İsrailliler, Araplardan "İsmail'in kaba saba oğulları" diye bahsediyor; İsmail'in oğullarının da İsrailoğulları için neler dediği malum... Aralarındaki münaferete rağmen; Avrupalı tipi ırkçılığa henüz ulaşmış değiller ve pek tez vakitte olmasa da sulh mukadder... Biz Türkler gibi hâlden anlayanların görevi de sulhu getirmeye gayret etmek ve aracılık olmalıdır.

Kudüs 1517'de Osmanlı mülküne katıldı; bu vakte dek Mısır Memlûkların elindeydi. Memlûk, adı üstünde Kafkasyalı-Türk soydan köle asker ve komutanların devletidir; bunlar yönettikleri Mısır'a mesafeli adamlardı; kuşkusuz Filistin ve Suriye ile de... Bu tabirleri laf ola kullanıyoruz. Çünkü Filistin'in tarihi, sınırları nedir? Bunu münakaşasız çizen tarihî coğrafyacı daha görülmemiştir. Roma devri Antakya ve Suriye'si, İslam coğrafyasının Biladü'ş-Şam'ı bütün bu eyaletleri içerirdi. İsrail milliyetçisinin, Eretz İsrail'i (yani Arz-ı İsrail) neresidir? Sorulara verilen cevap hep değişir; 400 sene bölgedeki yetmiş çeşit cemaat ve etnik grubu tutan imparatorluğumuz, I. Cihan Harbi'nin girdabında çatırdayıp yıkılınca bu sınırlar vahim kavgaların nedeni oluyordu.

Osmanlı dönemi, Kudüs'ün bugünkü görünüm ve yapısının oluştuğu dört asırdır. Kudüs surlarını Kanuni Sultan Süleyman Han yaptırdı; buna binaen caddede büyük padişahın ismini tanıyan "Hameleh Ha Şlome", Mescidü'l-Aksa, Kubbetü's-Sahra; şehrin sebil ve mescitleri ile mahkeme binasının hepsinde bir üslubun, yani Osmanlılığın izleri görülür. Filistin ülkesinin tarihindeki en sakin dört asır budur. Üstelik son Osmanlı asrında zenginlik ve eğitim seviyesinin yükselmeye başladığı görülüyor.

Kudüs-ü Şerif özel yönetilen bir bölgeydi; tamir edilen surların içinde eski camiler, Halidiye Kütüphanesi, mahkeme binası kadar sur dışındaki yeni Osmanlı çağının sembolü sayılan ve şehri Yafa'ya bağlayan istasyon binası da bu manzarayı tamamlar. Bunun dışında maalesef şehrin klasik mimarisi ile uyum içinde olmayan Katolik ve Protestan misyonlara ait büyük kiliseler, çan kuleleri, hayır kurumları ve lenduha okul binaları Kudüs'e ait manzaralardır. Şüphesiz dört asır boyu Mukaddes Mezar Kilisesi Kamame (St. Sepulchre) ve Mescidü'l-Aksa gibi inananlar için çok önemli kurumların Osmanlı devrine mahsus özel yönetimlerinin hâlâ devam ettiğini söylemek gerekir. 1516-1517 kışında başlayan Türk yönetimi, 1917 yılı Aralık ayında bitti. Ama kapanış safhası sorunlarla sürmektedir. Osmanlı Kudüs'ü hem eski hem de yeni şehirde her köşede maddi kalıntılarıyla da göze çarpıyor.

Modern kesimde Yafa Caddesi'ndeki eski Osmanlı imparatorluk armalı Kudüs Belediyesi, 1917 Aralık ayında biten Türk Osmanlı hâkimiyetinin tanığıdır. Bu bina "ölü güveyinin evi" diye bilinir. Tam düğün günü ölen zengin bir Arap ailenin oğlu için yapılmış. Uğursuzluğundan kimse kullanmayınca bizim belediyeye kalmış. Yeni Kudüs ve Halil Yolu anlaşılan bize de uğur getirmedi. Burası 1947'ye kadar zengin Arapların konaklarıyla doluydu. Eski Arap malları ne zaman ve nasıl tazmin edilecek, bu hâlâ bir sorundur.

Araplar 1917'de belki İngiliz desteğiyle gelen bir bağımsızlık bekliyorlardı ama cevap Kudüs'ün öbür sakinleri için yayımlanan ve Yahudi yurdunu müjdeleyen "Balfour" bildirgesi oldu. 30 yıllık Britanya mandası; beceriksizlik, ikiyüzlülük ve merhametsizliklerle dolu bir kötü yönetim örneğidir. Tek hayırlı yanı şehrin mimarisini koruyan beyaz taş kullanımı zorunluluğunun konmasıdır. Yahudiler ve Araplar çatıştı. Her zamanki hazırlopçu tavırlarıyla Müfti Hüseyni'nin adamları Almanlara yanaştılar; Yahudiler de İngiltere'yi var güçleriyle desteklediler. Savaşın sonunda İngiltere, Arapların adaletsiz davranma feryatlarını yatıştırmak için, toplama kamplarından çıkan hasta ve aciz çocuklarla dolu bir gemiyi Filistin'e sokmamak gibi malum hatalardan birini daha yaptı. Çocuklar telef oldu ama öbür taraftan Filistin'e her gece gemiler mülteci boşaltmaya devam ediyordu.

1948'de İsrail Devleti ilan edildi. 1947 Savaşı sonucu bugünkü eski Kudüs, doğusundaki topraklar ve Selahaddin Caddesi, Ürdün'ün elindeydi. 1967 Mart ayında surlardan karşıya, yani Yeni Kudüs'e baktığımda bir ıssız sınır şeridi iki tarafı ayırıyordu (şimdi çirkin bir otopark ve David şehri denilen güzel apartmanlarla doldurulmuş). Karşısında ünlü King David Oteli ve yeni Kudüs uzanıyordu. Benim ilk gezimden 3 ay sonra, 6 Gün Savaşı'yla bu sınır kalktı. Batı Şeria ve Kudüs ilhak edildi.

Eski Kudüs'te hele cumartesileri İsrailli grupları görürdünüz. Son olaylardan dolayı İsrail ruhen ve fizik olarak yerleşemediği Eski Kudüs'e adım atmıyor. Bazı Yahudi yerleşmeleri dışında 1967 sınırları fiilen yürürlükte... Ne Selahaddin Caddesi'nde ne de Ermeni Mahallesi dışında eski şehrin sokaklarında İsrailli görünüyor. Ağlama Duvarı'na (Kotel) dahi Ermeni mahallelerinden geçilerek gidiliyor. Gehonim (Cehennem) Vadisi'nin iki tarafındaki halk çoktan fiilen ve ruhen ayrılmış durumda... Birbirlerinin bölgeden çekilmesini istiyorlar. Ama ikisi de bir yere gidemez. Dışarıdan kışkırtanlar ve her iki tarafta da uzlaşma taraftarlarını içten sabote edenler var.

Sakin tabiatlı Filistinliler tarihte tasavvur edilemeyecek bir konuma geldiler, intikam komandosu oldular. Fakirlik ve yurtsuzluktan bezginler... İsrailliler ise İsrailli; dışarıda gördüğünüz Yahudilerden farklı, o toprağın insanları... Çatışma tarihteki 100 Yıl Savaşları gibi sürebilir. Ama uzlaşmanın ve barışın müreffeh iki yurtlu toplumlar yaratacağı açıktır. Bazılarının istemediği de budur. Filistin'in suları yetersiz ve şimdiden Arap tarafı susuz kaldı fakat ne yaparlarsa yapsınlar Yahudi tarafı da su içinde değil. İki tarafın da petrolü yok. Ekilecek arazi ise az... Filistin güzel ama paylaşmanın yolu bu olmamalıdır.

Yahudiler eski Kudüs'ten hiçbir şey vermeye niyetli değil. Oysa dar Yahudi Mahallesi hariç eski şehri kontrol edemiyorlar. İsrailli sivil halkın pek yaşamadığı bazı yerleşim yerlerini terk etmeye hazırlar ama elde tutmak istediklerini Filistinliler kabul edecek mi? Filistinliler 1,5 milyon göçmenin eski topraklarına, yani İsrail'e dönmesini talep ediyorlar. İsrail kabul etmiyor, çünkü her taraf Rus dolu... Bu Rusların sadece bir kısmı hakiki Yahudi'dir. Filistin ise kurumuş toprakta milyonluk nüfusuyla nasıl geçinecek? Öte yandan Yahudiler başka bir toprakta güvenlikte olabilecek mi, hiçbirinin bu topraktan vazgeçecek hâli yok.

Güneyimizde gençler ölüyor. Biz yangını nasıl söndürebiliriz? Biz Kudüs'e ne ABD ne İskandinavya ne de Batı Avrupa gibi bakabiliriz. Ne Şarklılar ne de Garplılar bu coğrafyanın insanlarını anlıyor; sorunu ciddi mütalaa edersek en doğru biz anlayabiliriz.

Ortaçağ İslam medeniyeti bir Yahudi-Arap kültürel birliğini de ortaya koymuştu. Sadiya Ben Gavon, Bahiya Ben Pekuda, bizzat Büyük Maimonides Arapça yazarlardı. Endülüs İspanya'sındaki kültür o zamanın Batı dünyasını hayran bıraktı ve ezdi. Bizans Roma'sı bu atmosferin dışında kaldığından felsefe ve ilimde ne o zaman ne de sonra bir ilerleme kaydedebildi. Yahudi-Arap nefreti, son zamanların bir olgusu ve Araplar bu çatışmaya sadece askerî değil, fikrî planda da çok hazırlıksız olarak sürüklendiler. Bugün de bu davada onların sözcülüğünü yapan Londra'daki Fransa Sefiri Daniel Bernard gibi bazı Avrupalılar hiç söz etmeseler daha iyi olur. Filistinlilerin davası böyle kefeke bağlamış antisemitler değil, başka sözcüler bulmalı, mesela bizim aydınlarımız bu işi görecek durumdadır, ancak Yahudi ve Arap dünyasını tanımalı ve çözüm aramalıyız. "Filistin hiçbir zaman Osmanlı sulhu kadar uzununu yaşamadı" sözü basit bir imparatorlukçu slogan gibi görülmesin. Hiçbir aklı başında Türk oraya dönmeyi hayal etmez. Ama Ortadoğu'ya en akıllı ve âdilane bakanların yapıları icabı Türkler olduğu da açık; bunun için bölgeyle biraz daha bilgilice ve bilgece ilgilenmeliyiz. Bu bölge sırf Dışişleri'nin memurları ile bazı gazetecilerin ilgi alanında kalmamalı.

Yahudi-Arap çatışmasını bizdeki hazırcı ve kalıpçı kafalarla anlamak imkânsızdır. İki tarafın eksikleri, başka taraflarda olduğundan daha dramatik sonuçlar yaratıyor. Şimdilik şu kadarını söyleyeyim; Kudüs'ün doğusunda ve sur içinde korkmadan gezen İsrailli sivil yok. Ağlama Duvarı'na geçen mutaassıp Yahudi takımı tek istisna... Felafel ve humus, Filistin Araplarının millî yemeğidir. Kudüs'ün elli yıllık meşhur felafelcisi Ebu Şükri de bir zamanlar bilhassa Şabat günleri kaçamak yapan Yahudilerle kaynardı. Şimdi orada tek tük Yahudi zor görülüyor.

Otuz beş yıldır bir gerilimin devam etmesi ilginç; ancak sinir harbini felafel yapar gibi inatla sürdüren Araplar bunu becerebilir. Ne bitiyor ne de tam patlıyor. Bütün düzensiz ve bireyci görünümlerine rağmen Filistinliler zamanı kendi lehlerine çevirmeyi beceriyor. Sağlam aile ve sülale yapıları var. Müzikleri, aileleri ve mutfaklarıyla yaşıyorlar. Okumuşu cahili, ihtiyarı genciyle dillerini konuşmaktan bilinçli bir zevk alıyorlar. On yaşındaki çocukların nutuk ve üslup denemesi yaptıklarına şahit oluyorsunuz; latife geleneği yaygın, bu açıdan Avrupa'da böyle tek ulus belki Fransızlar olabilir.

Kudüs'ün doğusunda nüfusun yüzde 30'u fakirlik çizgisinin altındadır. Bu fakirlikten dolayı Arap tarafında hizmetler ve fiyatlar daha ucuz; ikinci bir dünya... Öbür tarafa gelince ileri teknoloji, elektronik, ecza sanayiinin zenginliği artırdığı bir gerçek; ama ne hikmetse İsrail ve Kudüs şehrinin Yahudi tarafında da fakirlik artıyor. Yeni Kudüs'te Meaşearim (Mea Shearim) semtinin geleneksel fakirleri yanında, İsrail'in küçük şehirlerinde hizmetlerden yararlanamayan işsizler ordusu büyüyor. Asıl beteri İsrail'i kuran iktisadi birimler olan kibbutzlarda da yurt çapında fakirleşme artmakta. Kudüs'te Ramazan ayları renk cümbüşü içinde geçerdi, şimdi ise ortalık sönük; korku, içe kapanma ve fakirlik ürpertiyor. Fakirlik en zengin mülklere sahip Rum-Ortodoks Kilisesi'nin binalarına da yansımış. Gençler ümitsiz... İstatistiklerine göre Filistinli Arap öğrencilerin okulu terk etme oranı ve sayısı artıyor. İsrailli öğrencilerde ise terk oranı çok daha az; ama her iki tarafta da erkek öğrenciler kızlara göre daha gayretsiz. Okulu terk oranları kızlara göre üç mislidir. Bu toplum bir Ortadoğu toplumu...

Toplumların üstü ile altı arasında uçurum büyüyor. İnsanlar her iki tarafta da karamsar... İsrail'in yüksek teknolojisini yaratanlar hükümettekiler değil; Arapların parlak kafaları da Yaser Arafat'ın ardından gidiyor değil. Gerilimi yaratan taleplerin yerine getirilmesi zor... Kimse hiçbir konuda taviz vermeye yanaşmıyor. Zaman ise bu uzlaşmazlıkları affetmiyor. Filistinliler, İbrancayı mecburen öğreniyor. Yahudilerde ise Arapça uzmanlık işi ama iki toplumun birbirine ne kadar yabancı olduğu, çok benzeyen iki dilin öğrenilmemesinden bellidir. Kudüs iki kuzen toplumun birbirine yabancılığının somutlaştığı bir alan...

Yeni Kudüs dediğimiz kısım, esas itibarıyla 20'nci yüzyılda gelişmiş, Yahudi kesimi ile sur içinde ve Doğu Kudüs'te yaşayan her dinden Arap için yok mesabesindedir. Oraya ne alışverişe gidiyorlar, ne merak edip geziyorlar. Onların dünyası sur içi Kudüs ve Şam kapısının çıkışındaki Selahaddin Caddesi'nden ibarettir. Filistin bölgesinde şu an sıkı bir denetim var.

İsrail'in sorunları herhâlde sadece Araplarla sınırlı değil. Mesiah'ın (Mesih) gelmesini beklemeden devlet kuran Siyonistlerle yıldızı barışmayan yüzde 15'lik bir kitleyi de unutmayalım. Bağnazlık, sadece bağnazlık için yapılmıyor. Küçük şehirlerdeki kalabalık ailelerin iyi eğitim görmeyen çocukları işsizler ordusuna katıldıkça, mutaassıp gruplar da yeni üyeler buluyorlar. Kuyumculuk ve elmas tıraşçılığı (mistik bir sabır istediğinden) ancak onların bulunduğu yerde gelişiyor. Ananeye düşkünlük, mistik ve dinî bir zorunluluk... 17'nci yüzyıl Doğu Avrupa'sının kıyafetleri ve kürk şapkalarıyla Kudüs ve Tel-Aviv'de gezinenlerin yanındaki beş altı çocuk da onlar gibi giyiniyor. İki İsrail var. İkisinin bir arada nasıl var olduğu, nasıl yaşadığı çok ilginç bir vakıa... Türk olarak gözlemeliyiz. "Uygun giyinmeyenler bu mahalleye girmesin, bizim Allah'a ibadet ve kullukla geçirdiğimiz hayatımızı rencide etmeyin" diye afişlerle donanan Meaşearim, Rehov Buharim (Buhara Yahudilerinin sokağı) gibi semtler sırf Kudüs'e mahsus değil. Her cemaatin başındaki Rabbi (haham) dünyayı kendine göre açıklıyor; bu tip açıklama ve yorumlar ülkenin çoğunun tasvibini almak ne kelime, hiddetini çekiyor. İsrail'in çoğunluğu bu azınlıkla nasıl bir arada var oluyor? Soru bu; bizim de bunu bilmemiz gerekli...

Ülkede Yahudi çoğunluk yüzde 67 civarında... Araplar yüzde 5 oranında artarken, Yahudiler yüzde 1 oranında artıyor. Yahudi basını Kudüs'teki 210 bin Arap nüfusun ancak 5 bininin İsrail yurttaşlığına geçtiğini bildiriyor. İki grubun birbiriyle kaynaşmaya hiç niyeti yok. Filistin Arapları için İslam'ın bir gösteri tarafı var; Mescidü'l-Aksa'nın bulunduğu Harem-i Şerif'e kendilerinin dışında kimseyi sokmamaya gayret ediyorlar. Haremin kapısında Türk pasaportlular da uğraştırılıyor ve bir din bilgisi sınavından geçiriliyorlar. İşin ilginci bu sınavı yapanlar bazen Filistinli Hıristiyan muhafızlar... Hiddet ve mantıksızlığın beslediği bir içe kapanma... Buradan Müslüman olmayan geçemez gibi gayri-Arap Müslümanlara da yapılan sataşmalar var. Ama bu manasız yasaklar sağlam bir prensibe dayanmıyor, kolayca deşilebilir. Kudüs'e İsrail hâkim olamıyor ama Filistinlilerin de hâkim olmadığı açık...

İsrail, göç ülkesi olmak zorundadır. Bir milyon göçmen Rus; musiki hocası, matematik hocası ve bilgisayarcı sayısını artırmış. Bunların hepsinin Yahudi olmadığı malum, "Ziyanı yok, askerlik yapıyorlar ya" deniyor. Anlaşılan İsrail'de Arap oranının düşük olması arzulanan tek amaç... Yahudi nüfusu en iyi müziği biliyor; sanatçısı, hekimi, ressamı, kuyumcusu iyi; yazarlar iyi yazıyorlar. Ortadoğu tarihçiliğine onlar hükmediyor. İsrail'in hastane ve üniversiteleri parlak; Avrupa kıtasında böylesi yok. Tiyatroları, orkestraları öncüdür. İsrail'in müzeleri, kazı yerleri mükemmel; kütüphane ve arşivleri nefis. Ortadoğu hayatı içinde tek başına eski Batı'nın kültürel ilmî kurumlarını taşımaya çalışan yarı nüfusu Şarklı, yarısı Doğu Avrupalı bir ülke İsrail... Öte yandan Filistinli Araplar dünyaya yayılıyor. Bilim dallarında ve ticarette tutunmaya başladılar. Eğitimli oranı artıyor. 30 yıl öncesine nazaran daha çok tanınıyorlar ve taraftar topluyorlar. İsrail'in sorunları dağ gibi, Siyonist devlet kuruluşu ilginç ama kuruluşundaki romantizm pembe ufuklara bakarken, şimdi zamanın granit kayalarıyla göğüs göğüse geliyor. Gerçi İsrail'den bakınca; Türkiye'nin sorunları ne kadar dağ gibi ve bizim ülkemiz ve halkımız onları aşmak için neler yapmış daha iyi anlaşılıyor. Kudüs hâlâ ecdadın kokusunu taşıyor. Sur boyu, "Sultan Süleyman" adını taşıyor. Surların içinde de her köşe Osmanlı kokuyor. Surların dışına taşan binalarda dahi bu izler var. Zeytindağı bu imparatorluğun son asrının bir resmi gibi... Ara sıra Ortadoğu'yu koklamak, Türkiye'yi anlamak için şart... Buralarda her köşeyi kokladıkça, ne kadar çileli bir tarihten geçtiğimiz ve hâlen ne büyük ızdıraplara tahammül ettiğimiz anlaşılıyor ve ebedî yurdumuza daha sevecen, daha bir ihtiramla bakıyoruz.

IRAK

Emevi devrinin sert ve kanlı idaresiyle meşhur valisi Haccac (Zalim), Kufe'ye, yani bugünkü Irak'ın güney kesimine vali tayin edilir. Kufe bölgesi Hz. Ali'nin hilafetinden beri muhalefeti ile tanınır; özellikle Emevi devri halifeleri için en sorunlu bölgedir. Yeni vali zalim Haccac kendisine "hoş geldin" demek için huzura çıkan memleketin âyan ve eşrafına: "Ey ehl-i Irak, ey ehl-i firak ve'l-nifak" (Ey bölücü ve kışkırtıcı Irak halkı) diye hitap eder. Ardından gelen icraatın üslubunun ne olduğu malum; Haccac tarihe hakkıyla zalim lakabıyla geçen bir validir.

Irak denilen coğrafi bölge, bugünkü Irak'ın küçük bir parçasıdır. Tarihte Irak diye tek başına ve özgür bir ülke yoktur. Koca Osmanlı, Doğu Arabistan'da üç günde çökünce I. Cihan Harbi sonunda İngilizlerin cetvelle çizip tespit ettiği yerlerden biri Irak, biri de Ürdün'dür; Körfez civarı ve Suudi Arabistan da böyledir. Bugünkü Suriye de tarihteki Suriye değildir. Kim kimden Hatay'ı ister veya Halep'i istemesi gerekir, belli değil. Nihayet Suriye'nin genç yönetimi aklıselime ulaştı. Bölgedeki bazı çöküntüleri önlemek için birlikte hareket etmenin ve anlamsız talep ve iddialardan vazgeçmenin daha makul olduğunu anladılar. Son ziyaret bu bakımdan ümit vericidir.

Irak tarihte olmayan bir siyasi birlik ve onun için aslında birlik değil... Barzani ve Talabani'nin etrafındaki Kürt grupların birbirleriyle çatışması şimdilik sadece tatil edilmişe benziyor. Daha geçen seferki Amerikan müdahalesi esnasında aralarında bir uzlaşma olabilseydi, o zamanki başkan Bush bu bölgeye bağımsızlık verecekti. Ama kan banyosundan çekindi. Onun yerine Bağdat'ın kontrolünden çıkan bu bölgeyi kendi hâline bıraktı. Derhâl dünyanın her yerinden, fakat özellikle Batı Avrupa, Kuzeybatı Avrupa ve ABD'den iyi niyetli, kötü niyetli; karıştırıcı, toplayıcı ne kadar sivil (!) olduğu belirsiz bir alay yarı askerî örgüt oraya doluştu. Bazılarının zannettiği gibi kuzeye sırf Türkiye değil, şöyle veya böyle herkes müdahale ediyordu; edemeyen sadece Saddam'ın kendisiydi. Burası önemli, Saddam'ın baskısı bitmişti; bu nedenle o bölgede artık hiçbir Arap liderin hâkimiyeti kurulamaz. Her etnik grubun üzerinde birleşeceği tek direnişçi asgari müşterek budur.

Bugün ortada tarihî, coğrafi kimliği belirsiz bir ülke var; bu ülkede her din ve mezhepten, hatta tarihte kaybolan inançlardan zümreler var. Mesela, Hz. İbrahim'e bağlı olan Sabiiler böyle bir zümredir. Sayıları az ve Arapça konuşuyorlar ama ibadet dilleri Aramcadır. Onu bile kendilerine özgü bir alfabe ile yazıyorlar. Batılılar bunlara "Mandaen" diyor. Bölgede Hıristiyanlık hemen her mezhebi ile temsil ediliyor, Müslümanlık da öyle. Türkler, Kürtler, Araplar, azalan sayıda Yahudiler var ve şimdi petrol bölgesinde Irak'ın iki temel azınlık grubu karşı karşıya gelmiş vaziyette. Çatışma patlarsa ucu nereye uzanır belli değil. Herhâlde en geçersiz politika "bize ne"ciliktir. Çünkü böyle bir lüksümüz maalesef yok; biz karışmasak da birileri bize karışacak gibi gözüküyor.

Peki, Türkiye nasıl bir yol izleyebilir? Bölgedeki Türk yükümlülüğü bizi bataktan koruyacak düstur olmalıdır. İmparatorluğumuz tarihe karıştı ama onun kalıntısı olan Türkmenleri göz ardı edemiyoruz. Çatışmayı barışsever girişimlerimizle yatıştıramazsak, hiçbir şeye karışmamanın da her şeye karışmak kadar tatsız sonuçlar doğurmasından korkulur.

Arap dünyasını tanımıyoruz. Daha dün terk ettiğimiz bir sahayı, bir kavmi ve bölgenin dillerini bilmemek, uzmanlara sahip olmamak, olanlar da bu dünyadan gittikçe yerine yenisini yetiştirememek bizim ayıbımız. Batı dillerinde çifter çifter tercümesi olan Arapça ve Araplar hakkındaki eserlerin çoğunu Türkçeden izlemek mümkün değil. Arapça sadece diyanet işlerinde çalışanlara bırakılmış, bilgisizlikle övünüyoruz. Petrolümüzü temin ettiğimiz bu bölge hakkında bilgisizliğimiz sürüyor. Politikasının karmaşıklığından korktuğumuz Arap halklarından uzak durmayı marifet addediyoruz. Oysa Araplara çok karışmadan, onlarla birlikte olmayı bilmeliyiz, bunu yapmak zorundayız; çünkü bu dünya ile iç içeyiz. Oradan üzerimize ateş de gelebilir, barış rüzgârlarının serinliği de... Marifet bilgili ve becerikli olmaktır. Ortadoğu dünyası romantizmle veya buluğ çağındaki birinin kinciliğiyle yanaşılacak bir saha değildir. Çünkü bilsek de bilmesek de; istesek de istemesek de Ortadoğu'dayız.

LÜBNAN

Benzeşen diller olmalarına rağmen İbranca ve Arapçada renk isimleri farklıdır; tek ortak kelime beyaz anlamındaki "leban"dır. Her iki camianın beyaz diye nitelediği ülke; Ortadoğu'da karlı dağlara sahip tek yer, yani Lübnan'dır. Lübnan'ın muhteşem ve dayanıklı sedir ağaçları Romalı şair Virgilius'un tabiriyle "dağlardan Akdeniz'e indiklerinde", bu koca dünyanın kıyıları birbirini tanıdı. Lübnan'ın sedir ormanları gümrahtır. Meyvesi, sütü, balı bereketli, ülkenin güzelliği iştah açıcıydı. Çok erken zenginleşip denizlere açılan bu ülkenin insanları tarih boyunca genelde hep müşterek bir dil konuşsalar da ayrı dinlere mensup olup zıt davranışları benimsemeyi sevmişlerdir. Yazı burada gelişmiştir; Biblos, yazıya kaynak olan bir şehirdir. Adı üzerinde kitap kelimesi de oradan geliyor. Mazide Sami dinlerin ve tanrıların buluştuğu yerde Hıristiyanlıktan sonra Müslümanlık da beraber olmuştur. Ama bir müddet sonra Müslüman denilince Sünni'si ve Şii'si, Hıristiyan denilince de Katolik ve Ortodoks'uyla âdeta kilisedeki ayrılıkların tarihini yaşayan ve muhafaza eden küçük bir ülkeye dönüştü.

Ya Dürzîlere ne demeli? Ortadoğu'nun en zekice nüktelerini üreten bu güzel ırkın kökenlerini kimse bilmiyor ama en azından kendilerini Arap saymadıkları açıktır. Cemal Paşa'nın I. Cihan Harbi'nde Araplara dehşet veren yargılamaları yaptığı Divan-ı Harp, Âliye denen Dürzî şehrindeydi. Dürzîlerin görünüşte hukuku ve diğer toplumla ilişkileri Sünni Müslümanlık gibidir. İç dünyası çok özgün olan bu renkli toplum Arapçayı çok iyi kullanır. Bir ilginç yanları daha var; din bilginleri ve önderleri arasında kadınlara da rastlanır. Klasik Osmanlı devri dediğimiz 16 ve 18'inci asırlarda Cebel'deki Dürzî emirleri âdeta Lübnan'ı idare ederlerdi. Bunlardan Maanoğlu Fahreddin Bey 17'nci asırda çıkardığı isyanla Devlet-i Âliyye'yi bir hayli uğraştırmıştır.

Lübnan'ın yakın tarihi bu üç unsurun birbiriyle çatışmasıyla doludur. Aslında uzak tarihi de öyledir. Çağdaş Lübnan'ın çok önemli bir unsuru olan Ermeniler buraya daha çok 19'uncu ve bilhassa 20'nci yüzyıl başında yerleşmiştir. İlginç olan, Lübnan'da Türkçenin hâlen üçüncü bir dil olarak yaşamasının Ermeni cemaati sayesinde olmasıdır. Lübnan halkı çok erken dönemlerde dış dünya ile ticaret ve eğitim ilişkileri içine girdiği gibi ta Amerika'ya kadar göç de vermiştir.

Bugünkü Lübnan, tarihteki kıyı halkı olan Fenikelilerin yurdudur. Akdeniz'de ticareti kimse onlar kadar başarıyla örgütlememiştir. Milletlere gemiciliği, cam üretimini, kumaşın âlâsını öğretenler onlardır. Asıl önemlisi, bugünkü Yunan ve Latin alfabesinin kökeni kolay okunup yazılan Fenike alfabesidir.

Küçük Lübnan, Ortadoğu tarihinin en şiddetli dinî çekişmelerine sahne olmuş ama buna rağmen insanlar bir arada yaşamıştır. Tarih boyu Lübnan'ın siyasi bakımdan bir birliği ve bağımsızlığı söz konusu değildi. Genelde büyük Suriye'nin bir parçasıydı. Lübnan'ın Lübnan hâline dönüşmesi dört asırlık Osmanlı egemenliğinin ürünüdür. Osmanlı'nın müspet katkıları vardır; kıyı şehirleri Şam Beylerbeyliği'ne bağlanmış, Cebel bölgesi ise Dürzîlerin özerk yönetimine terk edilmiştir. Beyrut'un geliştirilmesi, bir ticari merkez hâline dönüşmesi 19'uncu yüzyıl Osmanlı yönetiminin başarısıdır. Hatta Cizvit rahiplerinin ve Amerikan misyonerlerinin yükseköğretim kurumlarına karşılık 20'nci yüzyıl başında Beyrut'ta bir hukuk fakültesi kurulması bunun bir örneğidir. Aynı nedenle Şam'da da bir tıp fakültesi kurulmuştur.

Osmanlı, Lübnan'ın özgünlük isteğine cevap vermiştir. Tanzimat reformları ise hem Dürzîler ve Marunîler arasındaki çatışmanın yükselen taleplerine hem de milletlerarası müdahaleye karşı yeni bir Lübnan idaresi, yani bir bakıma bugünkü Lübnan'ın statüsünün temellerini tespit etme yolunu tercih etmiştir.

Lübnan'ın Katolik Marunî cemaati, ülkenin zengin müteşebbis işadamları ve Batı'ya açık eğitimli aydınlarına sahipti. Onların sayesinde Beyrut, Arap matbaasının kitap ve gazeteciliğinin merkeziydi. Dürzîler ise bulundukları mevzilere sahip, gözü pek savaşçılardı. Cebel-i Lübnan onlardan sorulurdu.

Fransa Devlet-i Âliyye'ye ve herkese karşı Marunîlerin tarafını tutunca, İngiltere de Dürzîleri desteklemekte gecikmedi. İnsafsız bir silahlandırma kanlı çatışmaları hazırladı. Devlet çaresizdi, üstelik herkes "Kabahat sizin; uyuşukluğunuz ve kötü niyetiniz bu çatışmaların sebebidir" diyordu. Diğer büyük devletler -Rusya dâhil- gemilerini gönderdiler. Devlet çareyi diplomaside gördü, bir de Ahmed Cevdet Paşa ve Fuad Paşa gibi becerikli adamların hazırladığı yeni Lübnan Nizamnamesi'nde.

Haziran 1861'de yürürlüğe giren bu nizamname ile Beyrut ve yakın çevresi hariç, bütün Lübnan "Cebel-i Lübnan" diye özerk bir statüye bağlandı. Devlet ilk elde Ermeni-Katolik David Paşa'yı mutasarrıf tayin etti. Sancak merkezi Deyrü'l-Kamer'de muhtelif milletlerin temsilcilerinden oluşan bir meclis ve bir jandarma kuvveti tesis edildi, mahkemeler muhtelif üyelerden oluştu. Bugünkü İsrail'in Hayfa'sı ve bugünkü Trablusşam'ı da içererek ayrı ve merkeze bağlı bir Beyrut vilayeti oluşturuldu.

Ortalık sütlimandı. Zaten Lübnanlıların Lübnanlı olarak bir araya gelip devlet kurmaları falan düşünülemezdi. I. Cihan Harbi'nin kıtlığı Beyrut vilayetini devlete düşman etti. İttihatçı hükümetin zihniyeti ve Cemal Paşa'nın şiddeti de Lübnanlıları bir araya getirdi. Savaştan sonra manda yönetiminin başına geçen Fransa, Lübnan'ı kolayca teşkilatlandırdı. Aslında Suriye ile Lübnan'ın birliği de bir ruh beraberliğinden uzaktır. Nitekim kanlı, uzun bir iç savaştan sonra Suriye işgalinin Lübnan'da hoş anılar bıraktığı söylenemez. Zengin ve rahat Lübnan, Filistinli mültecilerin başından beri nefretini kazandı. Filistinlilere ve güneydeki fakir Şiilere karşı 1978'den itibaren İsrail ile birleşmekte tereddüt etmeyen Hıristiyan Falanjlar, bugün İsrail'in eski müttefiki de kayırmayan saldırıları karşısında uzun tarihlerinin yepyeni bir safhasına giriyorlar.

MISIR

Yavuz Sultan Selim sekiz yıllık saltanatında Şark imparatorlukları ile savaştı ve sınırları olağanüstü genişletti. Memlûkların ülkesi üzerine yürürken bu imparatorluğun sınırları sadece Mısır, Hicaz ve Suriye'yi değil, Anadolu'da Malatya'yı dahi içeriyordu. 1516 yılında bu sınırı da geçti. Bir bakıma Ortadoğu bölgesindeki Araplar, Osmanlı'dan önce Memlûk İmparatorluğu altında birleşmiş sayılabilirdi. Memlûk hanedanının sultanları ne Mısırlı ne de Arap sayılırdı, çoğu Arapça dahi bilmezdi. Mamafih, Yavuz Sultan Selim'in karşısına çıkan Sultan Kansu; Arapça, Türkçe ve Farsça şiir yazacak kadar bilgili bir hükümdardı. Memlûklar, Ortadoğu'da Haçlıları ve Moğolları durduracak kadar savaşçı bir askerî güçtü fakat bu defa gelen ve kısa zamanda Sultan Kansu ve etrafındakileri tarumar edip bugünkü Suriye, Lübnan, Filistin'i bir hamlede ele geçiren kuvvet, ateşli silahlar ve top kullanan Rönesans tipi bir orduydu.

Açık ki Mısır'ı fethetmek için 1517 kışında Sina Çölü'nü geçen Yavuz Sultan Selim Han, 400 sene sonra aynı yerde orduyu kum fırtınaları içinde ve Kanal Cephesi'nde telef eden Cemal Paşa'dan çok daha başarılıdır. Dâhiler her daim dâhidir.

1517'de Memlûkların başkenti Osmanlı'nın eline geçti. Osmanlılar, Türk ve Çerkez asıllı Memlûk beylerini yerinde bıraktı. Tabii ki Mısır'a fevkalade yetkili bir beylerbeyi, bir başdefterdar ve kadı tayin ediliyordu. Mısır'ın kadıları ayrı bir kariyere bağlıydı. Roma İmparatorluğu'nun pirinç ve buğdayı nasıl Mısır'dan geliyorsa, Osmanlı başkenti de oradan besleniyordu, İstanbul limanının ağzındaki, rengine hâlâ hayran olduğumuz Mısır Çarşısı bunu açıklar. Türk ve Çerkez komutanlar, Kopt maliye memurları, her Allah'ın günü Balkanlardan gelen Bosnalı ve Arnavut asker ve esnaf sayesinde Mısır rengârenk gelişti.

Mısır'ın gelirleri padişahın "cib-i hümayunu", yani cep harçlığıydı. Kuşkusuz devletin zaruri masrafları için buradan borç alınan paraların, tarihçi Yılmaz Öztuna'nın tabiriyle padişaha geri verildiği de görülmemiştir.

Uzun bir süre Kahire ve Mısır İskenderiye'si kendinden evvelki Memlûk eserleriyle rekabet edercesine Osmanlı asarıyla donatıldı. Ama Mısır'ın piramitlerini ve ardındaki medeniyeti ne Batı dünyası ne de Osmanlı biliyordu. O piramitleri ve Mısır'ın kadim medeniyetini meraklı gözleriyle gören dâhi seyyah Evliya Çelebi ele aldı. Mısır'ı sevmişti. Uzun zaman orada yaşadı. Hatta bazı tarihçilere göre orada öldü ve defnedildi. 17'nci yüzyıl Kahire'sini ve Mısır'ını onun kadar renkli tasvir eden yoktur.

Mısır, MÖ 4'üncü asırdan beri kozmopolit nüfuslu bir ülkedir. Mehmed Ali Paşa ve halefleri bu ülkeyi o karışık nüfusla; Türkler, Çerkezler, Fransız subaylar, Avrupalı müşavirler, Balkanlardan akıp gelen kadrolar, Müslüman ve Arap aydınlarla yönettiler. Mehmed Ali'nin isyanı ve modernleşme denemesi, Osmanlı Tanzimat'ını da ateşleyen olaylardandır. Nihayet Mehmed Ali Paşa ve ardıllarının elde ettikleri irsî valilik sonunda, Mısır'ın İngiliz işgaline uğramasına kadar yürüyen olaylara sebep oldu.

Ama bir yerde okul bilgilerimizi silkeleyelim. Mısır'ın Osmanlı hanedanı ve Türkiye ile hukuki bağları da devam etmiştir. Mısır'ın üst tabakası Türkçe konuşup okuyordu. Sade Türkçe değil, Farsçaya tercümeler yapılıyordu ve en iyi şekilde basılıyordu. Eğitimde Türkçe önemliydi. Mısır aslında Ortadoğulu kültürlerin toptan Batılılaşmasına adım atmıştı.

Osmanlı Mısır'ının muammasını çözen pek az eser kaleme alınmıştır. Seneler önceki Stanford Shaw'un *Egypt Under Ottoman Rule* (Osmanlı Yönetiminde Mısır) adlı çalışması uzun zaman aşılamadı. Mehmed Ali Paşa için yazılan kitaplar ise Afaf Lutfi Al-Sayyid-Marsot'un 1984'te Cambridge Üniversitesi'nde basılan *Egypt in The Reign of Mohammed Ali* (Muhammed Ali İdaresinde Mısır) adlı eserindeki argümanlar özellikle umumi hususlar hakkında Türkçe kaynak okumaması nedeniyle eksiktir. Bu nedenle de İsrailli Ehud Toledano'nun aynı dönemlere değinen *State and Society in the 19th Century Egypt* (19'uncu Yüzyıl Mısır'ında Devlet ve Cemiyet) adlı eseri Türkçe kaynakları kullandığından dolayı daha açıktır.

Burada bir soru akla geliyor: Peki, Türk tarihçiler ne yaptılar? Prof. Dr. Ekmeleddin İhsanoğlu Mısır'da yetişen bir Türk gencidir. Arapçası ve Türkçesi mükemmeldir. Osmanlı kültürüne vakıftır. *Mısır'da Türkler ve Kültürel Mirasları* başlıklı eser IRCICA Yayınları arasında basıldı. Uzun ve etraflı bir bibliyografik taramanın mahsulüdür. Birinci ve 246'ncı sayfalar arasındaki metin 19'uncu asır Mısır tarihinin cemiyet ve kültür yapısını tasvir eden, gördüğüm kadarıyla en iyi çalışmadır. Üst tarafı eşsiz bir bibliyografya taramasıdır. Tabii 19'uncu asrın ünlü Bulak Matbaası başta olmak üzere, Mısır'daki Türkçe kitap basımı mükemmeldi. Burada Farsça eserler de aynı mükemmellikte basılıyordu ve üç Doğu dili arasındaki tercümelere, diğer Doğu dillerinden yapılan tercümeler ve asıl Batı edebiyatından yapılanları ilave etmeliyiz. İhsanoğlu burada çok teferruatlı ve kalabalık bir liste veriyor. Üstüne bir de Jön Türklerin Mısır'daki muhalif basınının ürünlerini ilave ediyor. Bu çok ilginç bir katkı, özellikle kitabın bu ikinci kısmı sahifeler hâlinde incelenirse, düşünce ve araştırma dünyamıza ne kadar yön verecek bir eserle karşı karşıya olduğumuz anlaşılır.

Bu tip çalışmalarla Doğu milletlerinin yakın tarihi daha iyi anlaşılır. Eseri kaleme alan yazar Prof. Dr. İhsanoğlu'na ve varsa yardımcılarına ancak teşekkür edilir.

İSKENDERİYE KÜTÜPHANESİ

İskenderiye, Helenizm devri dediğimiz büyük fatih İskender'in, Mısır'ı fethi ile eski küçük yerleşimleri birleştirerek kurduğu büyük bir şehirdir. Coğrafi konumunun uygunluğundan dolayı çabucak büyümüştür. Sakinleri eski Mısır halkı olan Koptlardan (Kıpti) çok, buraya yerleşen Yunanlar, artık Filistin'i terk etmeye başlayan Yahudiler, Doğu'nun çeşitli diller konuşan Lübnanlı, Suriyeli halklarıdır. Burada değişik diller kadar değişik dinler de vardı. Mesela, Eski Mısır'ın İsis Tapınakları'na başkaları da devam ediyor ama aynı zamanda bu başkalarının dinleri de Mısır dinini etkiliyordu. Roma döneminde bu karışım daha da yoğunlaştı.

Eski Yunanların, yani Atinalıların ve diğerlerinin böyle geniş kütüphaneler kurmadığı biliniyor. Açıktır ki, İskenderiye Kütüphanesi eski çağların en eski kütüphanesiydi ama kütüphaneciliğin başlangıcı değildi. Babil krallarının arşiv kütüphaneleri sadece kendi dillerinde değildir, Sümerce metinler de içerir. Bu ayrı dili öğrenmiş ve metinleri kopya etmişlerdir. Aryan bir dil konuşan Hititler dahi Akatça ve Sümerce metinleri tanırlardı.

Bu sayede *Gılgamış* ve *Tufan* efsanelerinin kopyalarına çok geniş bir sahada rastlanıyor.

İskenderiye Kütüphanesi efsanesi ünlü Austen Layard'ın yaptığı Ninova kazılarıyla epey darbe yedi. Asur İmparatoru Asurbanipal'ın muhteşem kütüphanesi ortaya çıkmıştı. Zamanla bizim Şanlıurfa civarında Sultantepe kazılarında olduğu gibi benzer çapta küçük kütüphaneler bulundu.

Fakat şurası bir gerçek ki, Önasya medeniyetlerine ait kütüphaneler bir geçiştir. İskenderiye Antik Yunan edebiyatı, felsefe ve bilimine ait eserlerin kopyalarını ve o ortamda yazılan birtakım eserleri papirüs gibi dayanıklı bir madde sayesinde koruyabilmiştir. Bir müddet sonra Bergama'daki parşömen eserler kütüphanesi ile Efes ve Atina'daki Hadriyanüs kitaplıkları bu kütüphane ile mukayese edilemez. Eser sayısı 100 binler ile ölçülüyordu. İskenderiye'de kaybolan birçok eser sonraki asırlarda nakil ve kaynak göndermelerle tanındı. Mesela Ayasofya'nın kubbe inşasındaki hesaplamaları onun ünlü iki mimarından biri olan Anthemios'un İskenderiye Kitaplığı'ndaki bazı eserleri zikrederek yaptığı anlaşılıyor.

İskenderiye'de başta Tevrat olmak üzere İbrancadan yapılan çeviriler vardı ve mesela Mısırlı rahip Manetho'nun eski Mısır hiyeroglif metinlerine dayanarak yazdığı Yunanca Mısır tarihi vardı, ilim dünyasının hayıflanmasına ve tembel talebelerin memnuniyetine neden olacak biçimde bu ünlü kütüphanenin zaman içinde yok olan eserlerinin fragmanları, yani bazı parçaları ve o eserlere yapılan göndermeler ve çok ünlülerinin kopyaları bizi hâlen meşgul etmeye yetiyor. Tüm bilgimiz buradan geliyor. 5 ve 6'ncı asırlarda bunların Aramca, yani bugün Süryanice dediğimiz dile yapılan çevirileri ve 9 ve 10'uncu asırlarda Arapçaya yapılan çevirileriyle bu miras önemli ölçüde korunmuştur.

Kütüphane, Julius Caesar'ın İskenderiye'ye çıkarken yaptığı savaş ve çıkan yangında ilk darbeyi yemiştir. Sonraki asırlarda muhalif Hıristiyan fırkaların savaşı ve bağnazlığı kütüphanenin eserlerine kasıtlı bir tahrip rüzgârıyla felaketi tamamlamıştır. 5-6'ncı yüzyıllarda eski Helen mirası oldukça zedelendi; yani 7'nci asırdaki İslam fütuhatına gelinceye kadar ortada kütüphane falan kalmamıştı.

Uygarlığın dolaşımı, kütüphanelerin akıbeti ile paraleldir. Kim bilir bugünün Paris Millî Kütüphanesi veya Harvard Kütüphanesi ne olacak? Bunların bazılarına şimdiden eser girişi aksamaya başlamıştır. İskenderiye büyük kütüphaneydi. Yetiştirdiği büyük âlimler içinde Kraliçe Kleopatra da vardı. Bugün insanlık, mazideki o ihtişamı diriltmek istiyor. İskenderiye Kütüphanesi büyük âlâyişle yeniden kuruldu. Ama acaba dirilip gelişebilecek mi?

BAHREYN

Bahreynliler, denizci ve tüccar geleneğinden dolayı geniş görüşlü bir halktır. Ama bu keyfiyet iktisadi değil, kültüreldir. Nitekim kilise, Hindu ve Budist mabetlerin inşasına izin verecek kadar dinlere ve yabancı dillere açık olan bu ülkede millî gelirin bölüşümündeki eşitsizlik önlenemiyor ve yine bu yüzden ülkede bir gerilim var. Bu temel çatışmalar sırf Bahreyn'in değil, Ortadoğu'nun hayatını ne derece değiştirecek? Bunun cevabını vermek kolay değil. En önemlisi de artan nüfusun yarattığı arazi ve konut ihtiyacıdır. Sığ denizi doldurarak arazi kazanmak, cingöz bir tedbir gibi görünüyor. Hükümet, Fransız ve Hollandalıların birtakım iş bilir şirketlerine angaje etmiş; özellikle Hollandalılar, Bahreyn'in sığ denizini kazık çakarak doldurmakla mühendislik harikası yaratıyorlarmış gibi bir de böbürleniyorlar.

Dışarıda pek çevreci geçinen memleketler, dünyanın öbür köşelerinde öyle değiller. Hollanda ve Japonya bunların başında gelir. Kyotolarını süsleyen ama Amazon'daki yağmur ormanlarını kazıyan Japonların yanında, Hollandalılar da Bahreyn'in su ve istiridye kaynaklarını tüketen sözde çevreciler... Kıyıların dolması yüzünden denize alttan alta karışan tatlı su kaynakları da tıkanıyor. Dahası bu su kaynaklarına muhtaç istiridye yatakları yok oldukça da ünlü Bahreyn incileri tarihe karışıyor.

"Banuş" denilen beyaz yelkenli balıkçı tekneleri denize açılmadıkça ve inci avcıları geçim kaynaklarının kuruduğunu gördükçe herkesin onlarla birlikte içinin kan ağlaması gerekir ama nerede? Üçüncü dünya ülkesi, sırf maddeten değil, zevk bakımından da fakir ülkedir. Nebi Salih'teki sık hurma ağaçlarının meydana getirdiği vahalar, o vahalardaki tatlı su göletlerinde rengârenk balıklarla yüzme öğrenen çocuklar (1970'lerde dahi bu böyleydi) artık kurumuş, beli bükülmüş, sararmış otlarla dolu arsalarda oyun oynuyorlar dahi diyemeyeceğim; çünkü yakında hepsinin yerine bina dikilecek.

Kuruyan ve düşen eski sık ağaç gövdelerinin yerinde Theokratos ve Plinius'un tarif ettiği zümrüt misali cennet Bahreyn'i aramıyoruz. 20 yıl evvelki Bahreyn'in bile kaybolduğunu herkes biliyor. Denizden arazi ve para kazanmak pek tatlıdır. Ama ağızları tıkanan tatlı su kaynakları denize kavuşamadıkça, onları bekleyen istiridye kaynakları kayboldukça, ne eski inciler ne de balıklar bulunur. İnci avcılığı, hemen hemen tarihe mal olmuş iş kollarından biridir. Banuşlar, konvoy hâlinde beyaz yelkenleriyle lacivert denizin üzerinde süzüldüklerinde balıksız sularda boşuna aranan martıları hatırlatıyor. Su altı kaynakları kurumaya başlamış.

Vahalarıyla ünlü yemyeşil Bahreyn; Sümer mitolojisinden beri ölümsüz insanların bereketli Enki ülkesi diye bilinen Bahreyn kuruyor. Boyunları kopan palmiyelerin devrilen gövdeleri yerini beyaz dikintilere (Bina karşılığı kullanılan bu Azeri sözcük, mimari üslubun tatsızlığını da belirtiyor sanırım) terk ediyor. Üçüncü Dünya'nın tarifi ne fakirlik ne endüstrinin gelişmemişliğidir. Üçüncü Dünya yarını düşünmeyen toplumlardan oluşur.

Bahreyn inanılmaz güzellikteki uzmanca hazırlanmış müzelerin ülkesi; Beytü'l-Kuran bizi imrendirecek bir yazma eserler koleksiyonu. Beytü'l-Kuran müdürüyle konuşuyorum. Müzesine âşık... Literatürden haberi var. Etnografya, arkeoloji ve yakın çağları içeren Bahreyn Millî Müzesi'ndeki tertibe, zenginliğe ve pedagojik yöntem üstünlüğüne hayran olmamak mümkün değil. Bahreynliler hiç şüphesiz Mısır'ın müzelerindeki dağınıklık ve çapulculukla; Türkiye taşrasındaki fakir müzelerin çok ötesine geçmişler. Bahreyn kütüphaneleri nefis ama gel gör ki Batı Avrupa'yı bile kıskandıracak bu kültürel gelişim nadide bir tabiatı tahrip etmek isteyen maddiyatçılığı önleyemiyor.

İnsanlar ananelerine çok düşkünler ve pek çok kişinin sandığının aksine modernlikle geleneği de çok iyi bağdaştırıyorlar. Giyim kuşamda, günlük hayatta gıpta edilecek bir armoni var. Ama torunlar maddi kazanç için dedelerinin yüzdüğü suların, gölgesinde serinlediği vahaların yok olmasına, üstelik "Ortalığın tadı kaçtı" diye şikâyet ede ede göz yumuyorlar. Birkaç asır önceki Bahreyn'in haritası değişmiş. Vah vah deniyor ama hayata devam ediliyor. Acaba bu manzara sırf oraya mı özgü?

Osmanlı mirasını yok etmek

Mekke-i Mükerreme'de Kâbe'nin yanındaki Kale-i Ecyad denilen Osmanlı kalesi nihayet yıktırılmış. Senelerden beri yıkıldı yıkılacak telaşı gidiyordu. Buldozerlerle yıkılmış, kalenin tozu Kâbe-i Muazzama'yı dahi örtmüş. Bu yapı, etraftan yükselen gökdelenler arasında plajdaki bir kumdan kale gibi kalmıştı zaten. Şimdi kalenin süpürüldüğü mütevazı tepenin yanındaki Bülbül Dağı'nın 80 metrelik yükseltisini de tıraşlayıp bir gökdelen otel daha yapacaklarmış. Suudi prens grupları kendi aralarındaki kim nereyi kapacak kavgasını bitirmişler ve yabancı bir şirket de oteli dikecek gibi görünüyor. Hicaz'a Müslüman olmayan güya giremiyor, ama sermayenin her çeşidi giriyor.

Suudiler acayip bir güruhtur. Mekke'de bir hacı, İslamiyet'in doğduğu muhiti ve coğrafyayı boşuna aramasın, Hz. Muhammed devrinden hiçbir iz kalmadı. En son Hz. Hatice'nin mezarını ortadan kaldırdılar. Sorunca "Biz mezara taptırmayız" diyenler Vahhabi inançlarına sığınıyorlar. Ama yıkılan yerin üstüne hemen Batı'nın büyük otelcilerinden gelen sermaye ile büyük oteller dikiliyor. Beytullah gökdelenlerin arasında kalmış; tepeden bakan o otellerde ne oluyor kim bilir... Sermaye açlığının yanında bir Osmanlı düşmanlığı da var. Bütün iptidai zihniyetler gibi, insanın zamanları kapsayan oluşumundan, tarihî bina yıkımı yoluyla koparız sanıyorlar.

Libya ve Suriye'de benzer yıkımlar var. Başka yerlerde ihmal önemli bir rol oynuyor. Yunanistan'da bilinçli bir yıkım var, Bulgaristan'da vardı, artık durduruldu. Hollandalı Osmanlı tarihçisi Machiel Kiel'in onlarca yıldır yaptığı tespit ve envanterler bu acı gerçeği ortaya koyuyor. Yakın zamanların beş asrını zihinlerden kazımak isteyenler boşuna çabalıyor; zira yıkılan binalarla o anılar, beş asrın bıraktığı iyi ve kötü alışkanlıklar, âdetler, yemekler, giyim kuşam ve binlerce kelime de birlikte yok olmaz... Suudi yönetiminin ve benzerlerinin tarih zihniyeti bu gerçeği kavramaya yetmiyor.

Çağdaş Yunanistan'da da istisna teşkil eden aydınların dışında politikacı ve seçmenler aynı paralelde... Bu ülkelerin,

Kanuni'ye Zigetvar'da heykel diken Macaristan'ın fikri düzeyine çıkması asırlar ister. Avrupa Birliği üyeliğinin avantajlarıyla gelen şık hayat ve petro-dolar zenginliği, kültür ve bilinç değiştirmeye yetmiyor. Ama Osmanlı'nın anavatanındaki bizlerin tarih bilinç ve saygısı da daha farklı düzeyde değil. Tarihî mezarlıklarımızın hâline bakın; İstanbul'un mescitleri, hamamları ne hâlde! Bunlara bakanlar bizim Bizans eserlerine bilinçli düşmanlık beslediğimizi söylemesinler; gerçi surların tamirine dahi karşı çıkan bazı ilginç kişiler var ama Bizans eserleri de umumi ihmalin kurbanıdır. Turizm geliri olmasa Süleymaniye ve Sultanahmet ne durumda bırakılırdı, düşünmek istemiyorum.

Bu son olayda Dışişleri Bakanlığımız sorumlulardan biridir. Başka bir bakanlık ya da kurumun dış gelişmeleri takip ve müdahale yetkisi olamayacağı açıktır. Devlet-i Âliyye'nin herhâlde Suudi takımını ürkütecek yaptırımları olmalıydı. Daha önce de Kanuni Sultan Süleyman'ın vakıf eserlerini, Sinan'ın yadigârını yıktılar. Şimdi de II. Abdülhamid devrinden kalma revakları ortadan kaldırmak istiyorlar. Beytullah'ın etrafı zevksiz bir yapılar manzumesine dönüştürüldü. Bu işin peşine düşmeyi dindarlık sayıyoruz herhâlde. Ne alakası var! Tarih bilincinden, kültürel bilinçten söz ediyoruz. Daha yetmiş sene evvel dedelerimizin askerlik yaptığı, anneannemizin memur eşi olarak çile doldurduğu yerleri sonradan görme zihniyetin ellerine bırakamayız. Ama bazen bizim de Suudilerden farklı bir yanımız var mı diye sormak lazım.

ADI YEMEN'DİR

Osmanlı'nın sınır vilayetlerindeki sıkıntıları yaşatan iki türkü herkesin malumudur. Biri Estergon ile ilgili olanı; satvet devrinin bu ünlü kalesi elan hafızamızda... İkincisi, yani "Havada Bulut Yok" Hint Okyanusu'nun Kızıldeniz ağzını kontrolden vazgeçemeyen bir eski imparatorluğun çilesini yansıtır:

Havada bulut yok, bu ne dumandır?
Mahlada ölüm yok, bu ne figandır?
Adı Yemen'dir, gülü çemendir.
Giden gelmiyor, acep nedendir?

Osmanlı'yı uğraştıran Yemen aşiretleri 20 milyon nüfuslu bu ülkede elan iktidar için en büyük sorunu teşkil ediyor. Millî gelir ortalaması 900 dolara yaklaşan Yemen'in bazı yönleri vah vah dedirtecek cinsten, bazı yönleri ise iç açıcı... Tabiat gibi şehirlerde de özgün bir güzellik var ve burada çirkinliği ananenin sağlamlığı önlüyor, Yemenli için ananeye sadakat hayatın her safhasında bir düstur; şehrin güzel bir yerinde ayda 150 dolara güzel bir daire kiralarsınız, kira gelirinin düşüklüğü, camların vitray olmasına ve duvardaki alçı süslemelerin zarafetle yapılmasına mani değil. Başkent San'a'nın "Bab-ı Yemen" denilen eski kesimi, UNESCO koruması altına alınmadan önce de zaten korunmuş.

Yemen'in nüfusu 20 milyon, yüzölçümü 500 bin kilometrekare kadar, ekili araziden daha kıymetli bir unsur yok; hangi araziyi alsanız alıcısının yanında hesaba katmadığınız başka mal sahipleri ortaya çıkıyor ve mahkemelik oluyorsunuz. İnsanlar bellerinde taşıdıkları güzel cenbiyeleri insan öldürmekte kullanmıyor. Bütün hatunlar peçeli olmasına rağmen, namus cinayetleri ne bizdeki ne de Girit Adası'ndaki kadar yüksek orandadır. Cinayet arazi için işleniyor.

Dünyanın en nadide bitkileri ve ilginç ağaçları Yemen'dedir. Sedir denilen ve galiba vücudu ve dişi temizleyen misvakın da çıkarıldığı ağaçlar, çöl bitkileri ve mango, muz, karpuz, narenciye türlerinin rekabet edemeyeceği kadar pahalıya satılan ürün ise "kat" yaprağı...

Öğle saatlerinden itibaren bütün adamların yanakları şişkin; böylelerine "mehazin", yani depocu diyorlar. Kat yaprağının karaciğerde yarattığı tahribattan olacak, nar suyu tüketimi de onunla paralel gidiyor ve ardından da çok şekerli tatlı ve helva... Resmî rakamların ifade ettiği millî gelir ortalamasına inanmak mümkün değil; çünkü bir torba katın fiyatı üç dolardan başlayıp 100-150 dolara kadar çıkıyormuş. Öğleden sonra altı yedi saat kat çiğnemek arkadaşsız olmuyor. Büyük tüccarlarla ahbaplık edeyim derken, bir Rus sefiri kat çiğnemeye alışmış ve votkayla karıştırınca işin tadını kaçırmış. Çiğneyince nasıl bir keyfe ulaşıldığını ben bilemem ama şuurun kaybolmadığı açık, güya alışkanlık da yapmıyormuş; olabilir. Nitekim senelerini Amerika'da kat çiğnemeden geçiren Yemenli, ülkesine döndüğünün ilk günü anasının köftesini özlemişçesine kat seansına oturuyor. Maziye göre bir değişiklik var, artık kat çiğneyerek iş yapmayı öğrenmişler. Dışarıda çalışıp dönen Yemenlinin ülkesinden vazgeçemeyeceğinin en iyi örneği İbb şehri; bu şehir yurtdışında kazanılan paralarla zenginleşmiş.

Yemen sıcak, özellikle güneyi kışı değil, baharı bile pek yaşamıyor. Güney ile kuzey 1990 Antlaşması ile birleşti ama bu antlaşma kuzeyli aşiretlerin eski cumhurbaşkanı Abdullah Salih'in örgütlemesi ve güneye kitleler hâlinde hücum etmesiyle 1994'te gerçekleşti. Kısacası Gorbaçov'dan beri her yerde hadisesiz çekilen Sovyet tipi sosyalizm, Yemen'de ancak bir iç savaş ile çekildi.

Dünyada "Mesut Arabistan" veya "Yemen-i Saide" denilen bu ülke kadar köylülerin zahmet çektiği yer azdır. Ama coğrafi konumu ve sabit iklimi de sakinlerine ihanet etmiyor. Ektiğin kadarını biçiyorsun. Mart-Nisan ve Ağustos ayı yağmurları tabiatı beslemeye yetiyor.

Yemen turizme henüz açılıyor ama ülkenin mimari birikiminin etkisinden olacak; San'a'daki Mövenpick ve Taiz'deki Sofitel gibi oteller klasik Yemen mimarisinin modern yansımalarıdır. Eskinin ortasında turistik bir garabet olarak durmaktan çok, o ülkenin tarihî ihtişamına hürmet ederek yükselen yapılar bunlar... Petrol gelirleri henüz ülkeyi yeterince canlandıracak safhadan uzak, sanayi yavaş kuruluyor. Ama ticarete yetenekli bir halk var. Yemen'in Türkiye ile olan ticareti yıllık 200 milyon dolar hacmindedir. Bu hacimle Türkiye dördüncü sırada yer alıyor. Buna rağmen Çin, ABD, Almanya, Britanya gibi ülkelerin elçiliklerinde kalabalık uzman kadroları çalıştığı hâlde; Türkiye Cumhuriyeti Büyükelçiliği'nde Büyükelçi Türel Özkarol'un haklı olarak yakındığı gibi sadece iki memur var. Bazı hâllerde Türk diplomatların zor hayatları olduğunu kabul etmek lazımdır.

Aden malum Yemen'in okyanus kapısı, Fil Burnu'nda okyanus sefası doyumsuz ama mevsiminde yapılmalı; çünkü Mart ayından itibaren sıcak ve rutubet dayanılmaz olur. Bir de bu güzel kıyıya çirkin bir Sheraton yapılmamış olsa... Güney Yemen'in bu eski başkenti ve İngiltere'nin okyanus kıyısındaki ilk üssü, isminin tersiyle müsemma (!) bir yer, çünkü Aden'in bahsedilen Aden cennetiyle alakası yok. Tepede bir Portekiz kalesi var. Aden, Osmanlı'nın girmediği ama yanaşıp civarında konakladığı bir bölgedir. Sonra yerel mimari yapıya uygun 19'uncu asrın İngiliz koloni idare binası ve antrepolar şehrin çekirdeğini oluşturuyor. Sovyetler Birliği ise kardeş sosyalist cumhuriyetin başkentine Moskova'da tersim edilen ve Orta Asya'dakiler ile aynı birtakım çirkin lojmanlar inşa etmiş. Yalnız bölgenin rutubeti binaları yemiş, dökülüyorlar; İngilizlerin güzel ama cimrice yapılan binalarıyla Sovyetlerin plansız ikramı birbirinin aksi vaziyetteler. İmparatorlukların ne oldukları bıraktıkları mimari malzemeden anlaşılıyor.

Yemen'in güneyindeki halk daha çok Şafii, orta ve kuzeydeki halk ise Şiiliğin Zeydi kolundan ama Zeydi imamlar hiç kimsenin pek beğenmediği ve hayırla yâd etmediği bir tarihî dönem; İmam Yahya ve oğlu İmam Ahmet iyilikle hatırlanmıyor. Görünüşte çarşaf çok yaygın ama kadınların idare ve eğitimde geri konumda oldukları söylenemez. Aden yabancı okullarla dolu, Türk okulları ise San'a, Taiz ve Aden'de bulunuyor. İleri gelenlerin çocukları öğrenci, içlerinde ikisi çok ilginç; Küba büyükelçisinin çocukları da bu okullarda okuyor. Halk Cumhuriyeti zamanında Macaristan'ın Györ (Raab) şehrindeki Benedikten rahiplerin lisesini hatırladım; Komünist Parti yöneticilerinin en çok çocuk yolladıkları yerdi.

Aden'den Taiz'e gidiyoruz, ilginç doğası olan bir ülke bu Yemen; muz ve mango bahçelerinden hemen sonra cetvelle ayrılmış gibi bildiğimiz çöl başlıyor, sonra yine bir yeşillik... Taiz yüksekte bir şehir, tepede Osmanlı'nın kalesi... Taiz'den Huş Dağı'na tırmanmak ise ilginç bir deneyim...

Burası Huş'tur
Yolu yokuştur.

Türk askerinin kan döktüğü ve en stratejik noktayı savunduğu Huş Kalesi bütün ihtişamıyla göğe yükseliyor. Rakım 3 bin metre, bundan sonra kuzeye doğru 2 bin metre yükseklikteki Yemen'de ilerliyoruz. Yılda sadece iki ay yağmur alan, sıcak ama akşamları serin bir ülke, çöl ve çıplak tepelerin ortasında zümrüt gibi yeşillik ve başka yerde görülmeyen ağaç cinsleri; bunların en ilginci "sadir" denilen, bildiğimiz sedir çamıyla ilgisi olmayan bir ağaçtır.

Yemen'in en ilginç renklerinden biri de Yemen Yahudiliğidir. Bugün bölgede çok az Yahudi kaldı. İsrail Devleti kurulduğunda bu Yahudi topluluğu göç ettirmek için epey dil dökmüşler. Sonunda geleneğin büyük kuş motifine başvurulmuş. Uçaklara binenler içeride ocak yakıp ekmek pişirmeye kalkışmışlar. Bu hikâyeye bakıp da Yemen Yahudiliğini küçümsemeyin. İsrail'de aslına en yakın hoş İbranca telaffuzu onlardadır. Uzun zaman Yemenli spikerler kullanıldı. Bütün gümüş kaplama işleri onlar tarafından yürütülürdü. Şimdi Yemen'de yine aynı işi yapıyorlar.

Yemen Yahudiliği eski İbrani kültürünü en iyi koruyan kesimdir. Dili, ananeleri kaybetmemişler. Geçirdikleri zor zamanlarda da bizdeki Sabetay Sevi'ye benzer bazı Mesihler bile türemiş. Her hâlükârda hayatları ne İsrail'de ne Yemen'de kolay olmalı. Ama renkli bir topluluk olduğunu hem İsrail'de hem Yemen'de cemaat kalıntılarında görüyoruz.

San'a'daki en büyük yapı Osmanlı'nın askerî kışlası, bugün müze olan vilayet konağı imparatorluğun kalıntıları... İmam Yahya'nın "Darü'l-Hacar" (Taş Ev) denilen yazlık sarayı, kendisinin bağımlı bir yönetici olduğunun göstergesi; küçük ama güzel... 18 ve 19'uncu asırlarda Osmanlı eyaletlerinde böyle mahallî derebeyi ve hükümdarların küçük sarayları vardı. Lübnan'ın Dürzî emirlerinin Muhtara'daki konağı, Beytüddin'deki sarayı Topkapı'nın taklididir. Yanya'daki Tepedelenli Ali Paşa'nın böyle bir sarayı vardı. Aden'in etrafında Kevkeban ve Tura gibi yazlık köyler hem mimari olarak hem de doğasıyla nefistir.

Osmanlılar Yemen'i 1517'de Memlûklardan devraldılar. Bu uzun cenge rağmen Hint Okyanusu kıyılarında Portekizlilerle baş edemediler. Yemen Kızıldeniz'i kontrol etti ve kullanılan liman da Hudeyde idi. Hudeyde'den San'a'ya sevk edilen askerin çilesini bilmek lazım. 17'nci asırda aşiretlerin isyanı yüzünden Yemen'in kontrolü kaybedildi, fakat Kızıldeniz kıyıları elde tutuldu. 19'uncu yüzyılda ise Yemen'in kontrolü Mehmed Ali Paşa'nın ve Mısır'ın elindeydi. Ne var ki bu asırda İngiltere, Mısır gibi Yemen'i de işgal etmeye kalkınca kıyamet koptu. Tam 70 yıl boyu, yani 1918'de imparatorluğumuza veda edene kadar insanımızın kanını, canını, hazinemizdeki altınlarımızı Yemen'e döktük.

Yemen Osmanlı'ya çok pahalıya mal olan imparatorluk sembolü bir beyaz fildir. Bugünün Yemenlileri Balkanların aksine Türkleri diş gıcırdatarak hatırlamıyor, sevecenlikle söz ediyorlar. Ticaret ve kültürel ilişkiler artıyor. Gece yarısında uçakta seyahat eden işadamları arasında İstanbul'daki tespih imalathanesi için Yemen'e özgü taş ve ağaç arayan Feyzullah Bey adlı bir arkadaşa dahi rastladım.

Biz Yemen'i unutmamışız, Veysel Karanî'yi onlardan daha çok anıyoruz. Yemen kahvesi dilimizde kalmış, Brezilya kahvesini tercih ediyoruz. İlk anda yadırgıyorsunuz ama alıp da pişirince ve kakule katmayınca dedelerimiz gibi Yemen kahvesini tekrar seveceğimize hiç şüphe yok.

YUNANİSTAN

GİRİT ÜZERİNE BAZI NOTLAR

Osmanlı'nın Girit'i 24 yıl süren uzun muhasarası, 1669'da Kandiye (bugünkü Heraklion) Komutanı General Morosini'nin kaleyi "vira" ile teslim etmesiyle sona erdi. Uzun kuşatma boyunca Osmanlı harp makinesi top, gülle ve kurşun için yüksek miktarlarda hammadde kullandı. Kalelerin içlerine giden lağımlarda müthiş barut tüketildi. Uzun kuşatma yılları boyunca adanın merkezi Kandiye'den evvel ele geçirilen kale ve yerleşmelerle Girit artık Osmanlı kontrolündeydi ama son müstahkem mevkiler alınmadan adanın aidiyeti tartışılacaktı.

Girit barok kalelerin ele geçirildiği, Osmanlı askerî mühendisliğinin geliştiği bir savaştı. Vira ile çıkan Morosini, Kandiye'deki taşınabilir zenginlikleri, hatta arşivleri yükleyip gitti. Böylelikle Osmanlı İmparatorluğu'nun Doğu Akdeniz bölgesi ve ticaret yolları kontrol altına alınmıştır. Girit ve Kıbrıs'ın Türklerin elinde olması Mısır ve Hicaz mıntıkasının kontrolünü ve emniyetini sağlıyordu.

Ezilen yerli halk Türk fethini olumsuz karşılamadı

Uzun muhasara yılları boyunca şehit düşen askerler, hatta Silahdar Yusuf Paşa gibi Sultan I. İbrahim'in haksız hiddetine kurban giden komutanlar oldu. Girit ele geçtikten sonra ilginç bir şey; Bosna veya Mora'daki gibi çok sayıda medrese ve dergâh açılmış değildi. İslamlaşmayı daha çok Anadolu toprağından giden Bektaşi-Alevi dedeler gerçekleştirmiş görünüyor. Yerel eşraf ise vakıflar gibi İslami kurumlara daha çok önem vermiştir.

Uzun Venedik hâkimiyeti boyunca vergiler ve Katolik baskısı altında ezilen yerli halk doğrusu Türk fethini hiç de olumsuz bir tavırla karşılamadı. Aksine Ortodoks cemaati arasında bir serpilme görüldü. Girit'in imparatorluktan geç kopması dolayısıyla, tıpkı Balkan Savaşı'ndan sonra elden çıkan Kuzey Yunanistan toprakları gibi, bu bölgedeki Ortodoks Kilisesi Atina Başpiskoposluğu'na değil, doğrudan Fener Patrikhanesi'ne bağlıdır. Araştırmalar yapılırsa ada halkının etnik yapısı üzerinde çok çarpıcı gerçekler ortaya çıkar. Ada büyük ölçüde Helen kökenli görünmüyor. Bu kadar Venedikli, bu kadar Yahudi, bu kadar Afrikalı, Orta Şarklı ve Türk nereden gelip nereye gitti? Ada halkının soyadları dahi ilginç ve uzun bir araştırma konusu olmalıdır.

Kandiye (Heraklion), Venedik Locası ve şehir meydanındaki Aslanlı Çeşme gibi çarpıcı Venedik eserlerinin yanında Valide Camii, sebil, mevlevihaneden kalan Türk mezarlığı gibi eserlerle bütün Doğu Akdeniz'deki alışılmış manzarayı sergiliyor. Bütün Doğu Akdeniz'de Venedik Cumhuriyeti ile Osmanlı mülkü yarışma hâlindedir. En çarpıcı örneği modern Yunanistan'ın ilk başkenti olan Mora'nın girişindeki Nafplio'da (Napoli di Romania veya Anabolu) görürsünüz. Heraklion'daki Türk mezarlığının nefis şahideleri maalesef bir köşeye toplanmış. Senelerden beri tanzimi bekliyor.

Türk ulusalcılığının en çok uyandığı mevkilerden biriydi

Girit'te en önemli Türk eserleri Rethymno'daki (Resmo) Türk Mahallesi, Hanya'daki liman, buradaki cami ve 18'inci asırdaki yeniçerilerin sürüklediği parlak ticareti gösteren antrepolardır. Hiç şüphesiz Girit'te Müslüman nüfus ada nüfusunun neredeyse yarıya yakınıydı. 19'uncu asırda, 1895'te büyük devletlerin adaya müdahalesi, Yunanistan kralının Girit valisi tayin edilmesi ve adada muayyen sayıdaki jandarma dışında Türk askerinin çekilmesinden sonra asayiş problemi ortaya çıktığı ve arazi sahibi olan Müslümanlar katledildiği için Spinalonga'ya kadar dağılan nüfus sadece Kandiye, Resmo ve Hanya'ya toplanmış; sonra başta Ege bölgesi olmak üzere imparatorluk topraklarına göç etmiştir.

En büyük göç, İzmir'in gördüğü en büyük karmaşadır; 1912-1913 Balkan Bozgunu yıllarında olmuştur. Mübadele antlaşmasından sonra 1923'te en son Girit göçmenleri Ege topraklarına yerleştiler. Bütün muhacirler gibi tarıma yenilikler getirdiler. Bazı sanatlara el attılar. Girit'teki Müslümanların terk ettiği Spinalonga Adası'nın 1900'lerin başlarından itibaren cüzzamlıların enterne edildiği bir mekân olduğu biliniyor. Edebî eserlere ve sinemaya konu olmuştur.

Girit bizim tarihçiliğimizde Sadrazam Mehmed Emin Ali Paşa'nın ilk defa Fransız Medeni Kanunu'ndan söz ettiği yer olarak bilinir. Ondan sonra da Hıristiyan ve Müslüman nüfus arasında şiddetli çatışmalar cereyan etmiştir. Maalesef büyük devletler Berlin Kongresi'nden sonra Hindistan ve Mısır güzergâhını emniyete almak için Girit'te Yunanistan'ı tercih edip politikalarını buna göre ayarladılar. Girit 20'nci yüzyıl başında

Türk ulusalcılığının en çok uyandığı müstahkem mevkilerden biriydi. Bu sonu hızlandırdı. Osmanlı İmparatorluğu'nun en çok kan dökülen ve en sancılı politikalar izlenen bir vilayeti olarak elden çıktı.

Artık bizim için hoş bir hatıra olan Girit'i gezip öğrenmeliyiz

Girit gezimizde aslen Girit'in Kandiye Limanı'ndan gelen dostlarımla, Ciliv ailesiyle birlikteydim. İlk defadır ki atalarının yurduna, baba ocağını aramaya gittiler. Şehirdeki geniş arazileri ve bağlık bir kısımda o tarihte yapılan Ayos Minas Katedrali'ne bağışladıkları arsa aslında adadaki eski iklimi ve komşuluk ilişkilerini göstermektedir. Bu olayı tarihler yazmıyor ama kilisenin mensupları hatırladılar ve onların bildiğinden daha fazlasını naklettiler. Bugün o adada artık hiçbir yerde Müslümanlar yaşamıyor. Bir zamanlar çoğunluk Hıristiyan nüfusla önce idare eden bir unsurun uzlaştırıcı üyeleri olarak yaşamışlar, sonra da yavaş yavaş anayurda çekilmişlerdir.

Türk imparatorluğunun Doğu Akdeniz'deki bu köşesi her zaman güzel... Knossos Harabeleri'ni bizden çok önce gezen Evliya Çelebi, Minos uygarlığını yaratan Giritliler için "Ecine kavmindendirler, İfrikiye'den gelirler" der. Evliya mimari üsluptan ve duvar resimlerinden daha önceden çok iyi tanıdığı Mısır'la mukayeseler yaparak bu sonuca varmış görünüyor. Kazılar ve bilimsel gelişmeler onun bu hükmünü yalanlamıyor. Artık bizim için hoş bir hatıra olan bu adayı gezmemiz, öğrenmemiz lazım.

GİRİT

"Halcyon günleri" sevimli bir kuşun adını taşıyor. Vatanı Girit olan bu kuşu tanrılar çok sevdikleri için yumurtlama ve kuluçka zamanı olan Ocak ortalarında Girit'in havasını ısıtıyorlarmış. Bahar havasında Girit'te tarih tartışmak zevklidir. Kapının dışına çıktığımızda Osmanlı devrinden kalma konak ve çeşmeler var. Her evin mimarisi Venedik ve Osmanlı sanatının izlerini taşıyor. Ama Girit'in eski özgün kültürü her şeyin üstünde tutuluyor diyebilir miyiz? Pek öyle değil...

Knossos kazılarında arkeologlar üst tabakayı tahrip etmeden altındaki katmanlara inecek ince arkeolojik teknikleri kullanmak için para talep ediyor. Bu pahalı teknikler olmadan Minos kültürünün (yani bütün dünyanın bildiği eski Girit'in) yattığı tabakalara kesit olarak inilemiyor. Aslında eski Minos kültürüne ne kadar ilgi duyulduğu tartışılır. O dönemin yazılı malzemesi bu katmanlarda olduğundan yeterli miktarda elde edilemeyince de yazı ve edebiyatın çözülme süreci gecikiyor.

Daha önce de belirttiğim gibi, Evliya Çelebi merhumun, "Ecine kavmi Afrika'dan gelmişlerdir" diye bahsettiği Minoslular, yani eski Girit kültürü, cin gibi bir seyyah olan Evliya

Çelebi'nin gözünden kaçmamıştı. Evliya Çelebi'ye gülümseyelim ama eski Girit halkının ve kültürünün üzerindeki bunca tetkikten sonra kesinlikle hâlâ birtakım yarım yamalak bilgiler var. Evliya Çelebi'nin bu cin üsluplu tarifinin üstüne bizim zamanımızda pek çıkıldığı söylenemez. Bu Girit'e Ecineler nereden geldiler gerçekten? Evliya'dan daha tutarlı bir bilgi sahibi değiliz.

Adada Türklere gösterilen muhabbetten geçilmiyor. Esnaf da devlet görevlileri de aynı sıcaklığı gösteriyor. Adaya gelen eski Atina Büyükelçimiz Sayın Alpogan'ı sadece yetkililer değil, Giritliler de candan selamlıyor. Demek ki dostluk ve düşmanlıkta baştaki politikacıların ve basının büyük rolü var.

Girit, Afrika'nın kapısı ama İda Dağı güneyle kuzeyi ayırıyor. Afrika'yı seyreden güneydeki dar kıyı sıcak ve verimsizdir. Kuzeyde ise kıyıdan dağlara kadar binbir çeşit bitki, meyve, otla kaplı; zeytinliklerden geçip çam ağaçlarına ulaşıyorsunuz. Ada güzel, iklimi hoş... Giritliler sert insanlar; yakın zamana kadar bölgede kan davaları bile görülüyordu. Namus cinayetleri elan sürüyormuş.

Osmanlı Girit'inden kalan sadece çeşme, sebil, cami ve Kandiya'daki Mevlevi dergâhı değil. Zaten bu eserleri Osmanlı taşrasının en iyi örneklerinden de sayamayız. Üstelik Girit, medrese ve ulemanın etkisiyle değil; halk tipi dervişlerin sayesinde Müslüman olmuş. Gelip yerleştirilen Müslümanlar da anlaşılan Sünni takımdan çok, Bektaşilik ve Aleviliğe meyledenlerdir. Mevlevihane bile adaya 19'uncu asrın ikinci yarısında, Manisa'daki Mevlevilerin görevlendirilmesiyle taşınmış.

Girit, Ortodoks bir ada; kilisesi ise Atina'daki patrikhaneye değil, doğrudan İstanbul'daki patrikhaneye bağlıdır. Aynı keyfiyet Aynaroz ve Oniki Ada için de söz konusudur. Avrupa'nın Afrika'ya uzantısı, uygarlıkların ve âdetlerin de garip ama gerçekten garip bir kesişme ve yığılma noktası Girit... Giritliler misafirperver, sebze yemekleri nefis, içlerine kapanmış bir görünümleri var; ama ilk anda uysal ve cana yakınlar. Bunlar kişisel özellikler değil, ada halkının kültürü; yaşam biçimi her yerde olduğu gibi nesilden nesile geçmiş.

Girit Üniversitesi'nin Tarih Bölümü her seferinde Osmanlı medeniyetinin bir sorununu ele alıp inceliyor. Üç yılda bir tertiplenen bu sempozyumların tebliğ ve tartışmaları mutlaka basılıyor. Bir sefer "Osmanlı Beylikleri", sonra Draç ve Selanik arası "Via Egnatia" denilen yolun Osmanlı dönemlerindeki durumu, sonra "zelzele" ve "sel ve yangın felaketleri", sonra "Kaptan Paşa ve ofisi" (Osmanlı büyük amirali Akdeniz adalarını idare ediyordu) ve de "Taşra Âyan ve Eşrafı" incelenen konular arasındaydı.

Bu merkezi uzun yıllar yöneten Prof. Dr. Elizabeth Zachariadou seçkin bir Osmanlı tarihçisidir. Vesikaya ve delile titizlikle uyan, uyulmasını isteyen bir tarihçidir. Yunanistan'a gerçek Osmanlı tetkiklerini getirmiştir. Bunda öğretici sabrı kadar sert hocalığının da payı olduğu söyleniyor, bu yanımız müşterek, biz sert hoca olmaksızın adam olmayız. Zachariadou, Ankara Üniversitesi'nin fahrî doktorudur. Müteveffa eşi Nikolaos Oikonomides de geç Bizans dönemiyle uğraşan ünlü bir tarihçiydi. Zachariadou-Oikonomides çifti 14'üncü yüzyılı aydınlatan önyargısız tarihçilerin başında gelirler.

Girit Cengi'nin kılıç kalkan muharebesi olmadığı anlaşılıyor. 1635'te bugünün sempatik limanı Hanya, Silahdar Yusuf Paşa tarafından alınmıştı. Hanya-Resmo-Kandiye (Heraklion)

1660'ların başlarında ele geçti. Bu barok Venedik kalelerinin yapısı; kuşatmacıların 17'nci asır için üstün bir teknikle savaştığını gösteriyor. Karşılarındaki savunmacılar da operet birlikleri değildi. Doğrusu Venedikli komutanın yiğitçe savaştığını Türk tarihçileri de belirtiyor. Girit'in imparatorluğa katılması da elden çıkması da kanlı olaylar sayesinde oldu.

Akdeniz'in en güzel adası, bugün barışın tadına varmış gibidir. Ama mazideki renkliliğinden çok şey kaybettiği de ülkemizdeki Girit muhacirlerine bakınca anlaşılıyor. Ahali mübadelesinden, nüfusun bir kısmını itelemekten kazançlı çıkan ülke yoktur. Gezin görün Girit'i, pişman olmazsınız!

ATİNA GÜNLÜĞÜ

Atina'da iki ülke komisyonu tarih dersi kitaplarının ıslahı için toplanıyor. Kurullarında tarih hocaları, eğitimciler ve diplomatlar var; diplomatların tarihçilere göre daha mutedil, üslup sahibi olduğunu söyleyebiliriz.

Ders kitaplarından karşılıklı düşmanca ifadeler ayıklanabilir, nitekim 20 yıl evvelki "vahşi Asyalı" vs. gibi deyimler çoktan yok oldu ama asıl ters düşünceleri yaratan kavramları temizlemek gerekir. Bu kavramlar yanlış bilgiye dayanıyor ve temizliği daha zor, çünkü insanlar iyi bildiğini zannettiği yanlışlarda çok ısrarla takılırlar. Mesela, uzun tarihin yarattığı ve kilisenin de benimsediği Romalı demek olan "Rum" ismi, çağdaş Yunanistan'ı rahatsız ediyor; bunu Türklerin dış dünya, yani diaspora Helenlerini anavatandan ayırmak için yarattıkları bir tabir olarak görüyorlar. Bilgi yanlış, yorum ise tam bir abartma; biz Türklerin siyasi kullanım ve istismar için böyle terimler yaratacak kadar dilbilimsel birikimden uzak olduğunu bilmiyorlar!

Malum; "Yunan" kelimesi Batı Anadolu'nun klasikteki adı olan "İyonyalı"dan gelir, bütün Şark milletleri ve İbraniler bu tabiri kullanır. O deyimi de coğrafya olarak bugünkü Yunanistan'ı kapsamayacağı için istemiyorlar. Tabii o zaman, resmî Yunan çevrelerinde Batı Trakya halkına "Türk" değil de niçin "Müslüman" denildiğini anlamak zordur. Acaba bunların dinî kimlikleri nüfus kâğıdına böyle geçse de konuştukları dile ne denilecek?

Bu gergin noktaların dışında Yunanlar artık Türklerin Avrupa Birliği'ne girmesini istiyorlar. Tabii ki sokaktaki adamından kahvehane aydınına kadar herkesin kendine göre bir fikri var; "Eski komünistler bile AB'ye giriyor, salın Öcalan'ı, siz de girin, ne olur" gibisinden...

Atina rahatlamış; daha düzgün görünüyor. Oteller restore edilmiş, şehirde zenginliğin getirdiği bir değişiklik var, buna karşılık devlet müzelerinde önemli bir gelişme görülmüyor. Arkeoloji Müzesi'nde müze rehber kitabının tükendiğini söylüyorlar. Hatıra eşya reyonu bizimkinden hâllicedir. Her seferinde bakarım, Atina Şehir Müzesi 10 yıldır yerinde sayıyor.

Bu müzenin Londra, Viyana gibi Avrupa başkentlerindeki müzelerle boy ölçüşecek hâli yok. Ama ünlü bir ailenin kurduğu vakıf müze olan Benaki her gelişimde çarpıcı yeniliklerle karşıma çıkıyor. Müzeyi yönetenlerin yabancı dil ve alan bilgileri sokaktaki insandan, hatta ortalama aydından çok üstün vaziyette. Benaki Müzesi'nin koleksiyonları zenginleşiyor, müzedeki eserler ve 18-19'uncu yüzyıl Yunan tarihi üzerindeki neşriyat çeşitlenmiş. Küratör dediğimiz uzmanların bilgisi Avrupa müzeleri ile yarışır. Bunların ifadeleri, doğrusu, "düşmanca ve yanlış ifadeleri ayıklama komisyonları"nı gerektirecek gibi değil, oldukça makuldür. Demek ki zenginlik ve gerçek eğitim düşmanca ifadeleri azaltıyor. Yarım yamalak eğitimle iş görenler ise her türlü düşmanlığı artırıyor.

Ziyaretçiler kendi hâline bırakılmıyor, hele çocuk ve gençlik gruplarına mutlaka rehberlik yapılıyor. Beni müzede asıl büyüleyen bölüm, Parthenon eteklerindeki "İslam Eserleri Şubesi" oldu. Duvara monte edilen ve Edirne Sarayı'na ait olduğu söylenen İznik çinisi mihrap, Lizbon'daki Gülbenkyan'dan Londra'daki Victoria ve Albert Müzesi'ne kadar muhtelif müzelerdeki parçalar toplanarak yapılmış. Doğrusu ne kızdım ne kıskandım; bu eseri gün ışığına çıkardığı için müzeyi tebrik etmek gerekir. Malum İslam eserlerini kaçakçılar hoyratça yağmalayıp parça parça satıyorlar, bu gibi birleştirme gayretlerine ancak şapka çıkarılır.

Atina değişmiş. Avrupa Birliği'nden ve olimpiyat oyunlarından gelen yardımların ötesinde; Dışişleri Bakanı Dora Bakoyani'nin estetik zevki de bunda rol oynuyor. Metro, havaalanı yolu, birtakım binaların restorasyonu malum. Parthenon'un etrafını çepeçevre saran ılık bahar güneşi altında tıpkı MÖ 5'inci yüzyıl kırsal havası içinde dolanabileceğiniz taş bir yol yapılmış, buradan birtakım binaların temizlendiği açıktır. Acaba Süleymaniye'nin, Selimiye'nin, Kasımpaşa'da Piyale Paşa Camii'nin* etrafındaki mezbeleleri temizleyecekler nerede? İsteyince oluyormuş, demek ki Dora Hanım Atina'daki şer kuvvetlerinden çekinmemiş, biz de çekinmeyelim.

---

* Piyale Paşa Camii'nin etrafındaki kaçak yapı 3 Nisan 2007 tarihinde İstanbul Büyükşehir Belediyesi zabıta ekiplerince yıkılmıştır.

SELANİK

Bu yıl Atatürk'ün doğumunun 133. yılındayız. Büyük tarihî şahsiyetlerin 100. yıldan sonra doğum veya ölüm yıldönümleri özel olarak anılır. Zira tarihî muhasebe için uygun bir süredir. Gazi Mustafa Kemal Paşa'nın tam doğum günü ekseri eski Türklerinki gibi kesin değildir. Zira nüfus kayıtlarımız çok yakın zamanlara kadar, hatta bizim nesilde dahi, yıl olarak tutulur.

Aslına bakarsanız aileler de doğum tarihine dikkat etmez, pek az kişi dışında özenle kaydetmezlerdi. Bu nedenle 19 Mayıs'ın doğum günü olarak seçilmesinin dayanağı; Atatürk'ün "Samsun'a çıkışıyla" anlamlı bir biçimde eşleştirilmesidir. "Niçin bir 19 Mayıs olmasın?" denilmiştir. Biz burada 1881 yılında onun doğduğu şehrin o zamanki hâlini ve imparatorluğun benzer metropollerini ele alacağız.

II. Abdülhamid artık cülusunun altıncı yıldönümünü kutlamıştır. Baş düşman Rusya'da bu yıl Çar II. Aleksandr katledilmiştir ve kendisini izleyen III. Aleksandr muhafazakâr, fakat barışçı ve inşaatçı bir devir açmaktadır. Bu paralellik dolayısıyla II. Abdülhamid döneminde de barışçı, demiryollarına ve okullara önem veren bir dönem başlamıştır.

Bir müddet sonra hiç değilse bazı bölgelerdeki kırsal alanlarda önemli değişmeler başlayacaktır. Çukurova, Ege, Selanik civarında, Vardar Ovası, Halep, Şam ve Basra'da önemli zirai ve teknik değişimler başladı. Demiryolları hayatı kolaylaştırdı; kolay asker nakli sayesinde asayiş güçlendi ve ürünler pazara ulaşıp para etmeye başladı. Yunan Savaşı'nda Rumeli'deki birlikler ilk defa Anadolu buğdayıyla beslendiler.

19'uncu yüzyılın son çeyreğinde İstanbul hâlen Osmanlı İmparatorluğu'nun en büyük şehriydi ama Rumeli'den akıp gelen muhacirlere rağmen nüfus hâlen bir milyonun altındaydı. Trakya-Makedonya çizgisindeki ünlü liman Selanik, birkaç yüz binlik nüfusuyla İstanbul'dan daha müreffeh, altyapısı daha mükemmel bir şehirdi.

İzmir gelişiyordu, mahallî basının parlaklığı yanında, tiyatroları, resmî ve özel okulları inkişaf hâlindeydi. Bu şehirlerin dış dünyayla teması çok daha kolaydı. Ama asıl Beyrut, Yafa ve Şam, Arabistan kıtasının gelişen şehirleriydi.

Sonraları imparatorluğu parçalayan ünlü projenin mimarı Mark Sykes, 20'nci yüzyıl başında Halep ve Şam gibi şehirleri 510 yıl öncesine göre çok daha gelişmiş, altyapıları kurulmakta olan şehirler diye nitelendiriyordu.

Buralarda misyoner kurumlara karşı Osmanlı eğitim kurumları da doğrusu kayda değer bir gelişme gösteriyordu. Örneğin Şam'da tıp fakültesi kurulurken; Beyrut, Rumeli, Selanik ve yine Konya'da hukuk fakülteleri kurulmuştu.

Düzenli eğitimin verdikleri dışında gençliğin başka merakları hoş karşılanmazdı. Doğrusu sansür hayatın tadını kaçırmaktaydı ama Helenler, Bulgarlar, Araplar bu sansürden Türkler kadar çok etkilenmiyordu. Dışarıda basılan ulusal dillerdeki gazete ve kitaplar anında onların eline geçiyordu.

İmparatorluğun asıl unsuru olan Türkler ise irfanı kıraathanelerde, tekkelerde, arkadaş evlerindeki sohbet toplantılarında kulaktan kulağa ediniyorlardı.

Atatürk'ün doğduğu Selanik bu şekildeydi. Kıyıdaki beyaz kulenin bulunduğu yerdeki kafe ve lokantalarda toplananlar, iktisadi ve içtimai nazariyeleri ve tarih bilgilerini sohbet üniversitelerinde ediniyorlardı. Ama şehrin hayatında edebî faaliyet ve akımların yeri Türk unsur için her şehirde olduğundan daha yoğundu. Zaten şehirdeki mükemmel resmî eğitim kurumları yanında sayıları artan özel eğitim kurumlarının varlığı da bunu gösteriyordu.

Makedonya'daki askerî okullar ise oldukça iyi eğitim veriyordu. Şehir kozmopolitti. Çeşitli dil ve dinler bir aradaydı. Tolerans ve dünyaya ilgiyi burada edinmek kolaydı.

Rumeli kökenli memurların Sicill-i Ahval dosyalarına bakıldığında, çoğunun "Bulgarca ve Rumca tekellüm eder, Arnavutçayı biraz bilir" gibi vasıflarla kaydedildiğini görürüz. Özellikle Selanik iyi bir öğretmendi ve insanlar bu şehirde İstanbul kadar bunalmaz, kolaylıkla dünyaya açılırdı. Yaşam daha ucuzdu.

İşte Mustafa Kemal'in doğup büyüdüğü ortam bu şekildeydi; bölgede yetişen genç adamın kısa bir süre sonra Şam'da, Trablusgarp'ta erkenden olgunlaşacağını biliyoruz. İmparatorluk son muhteşem neslini yetiştiriyordu.

SELANİK'TEN AYNAROZ'A

Selanik ve Aynaroz'da dolaşırken Osmanlı asırlarının derinliğini hissetmemek mümkün değil. Bu dünyayı birbirine bağlayan öyle çok unsur var ki...

Selanik, Trakya-Makedonya bölgesinin merkezi ve burada bir Trakya-Makedonya Bakanlığı var. Osmanlı asırlarındaki büyük Selanik vilayeti valisinin oturduğu hükümet konağında bugün söz konusu Trakya-Makedonya Bakanlığı çalışıyor.

Birçok kişi Yunanistan'da yaşamak için Selanik'i Atina'ya tercih eder. Selanik ahalisinin çoğu Küçük Asya göçmenidir. Bu yüzden mutfağı daha iyidir; yabancıya ve birbirine karşı davranışları daha sıcak bir halktır denilir. Patrik Bartholomeos cenaplarının gezisine katıldım; hemen görülüyor ki Yunanistan'ın en dindar halkı da burada yaşıyor.

Küçük Asya muhacirlerinin yaşadığı bazı semtlere gidildi. Neapolis, yani bildiğimiz Nevşehir'den gelenler ve Stavropulos, yani Ege bölgesindeki eski Hamidiye, bugünkü ismiyle Muradiye'den gelen göçmenler... Ortodoks dünyasında Rusya, Yunanistan, Kıbrıs müstakil kiliseler; fakat ekümenik unvanını sadece Fener Patriği taşıyor.

Patrik Bartholomeos cenaplarını bin iki bin kişilik kalabalık karşılıyor. Duygulandırıcı manzaralar da var. Stavropulos'taki kilisenin bahçesine Muradiye'den getirilen toprak ve zeytin fidesi dikilmiş. Yanındaki mermer levhada Nâzım Hikmet'in Ege kıyıları üzerine yazdığı bildiğimiz dizeleri Ritsos'un çevirisiyle yer alıyor.

Metropolit Barnabas da bir göçmen çocuğu; "Muhacirlik çok güç" diye konuşuyor. Zaman geçer, ilk andaki buruklukl yerini yakın dostluğa da bırakabilir, mühim olan zamanın hekimliğindeki hazakat ve iyi niyettir. Türklerin solcu şairinin dizeleri etrafında Yunan metropolit de birleşebiliyor.

Selanik'ten Aynaroz'a yol alıyoruz. Halkidiki Yarımadası Ege'ye uzanan bir el gibi... Bu yer dünyanın en güzel köşelerinden biri diyebiliriz.

Aynaroz manastırları, Halkidiki Yarımadası'nın güney ucundaki üç burundan birine dağılmış. Bir tür özerkliği olan bu bölgeye "Manastırlar Cumhuriyeti" deniliyor ama dokunulmazlık ve kültürel özellik bir Vatikan statüsü ile karşılaştırılmasın. Daha çok Yunanistan'da kiliseye gösterilen bir saygının yarattığı bir statü var. Yunan devleti asayişi sağlıyor, vergi muafiyetleri var.

Osmanlı'nın "Aynaroz" diye telaffuz ettiği aslında "Agion Oros"; bölgedeki kadılar ve ulema ile birlikte Ortodoks din adamlarını da yerden yere çarpan ünlü tiyatro yazarımız Musahipzade Celal Bey'in "Aynaroz Kadısı" adlı komedisinden tanıdığımız bölgeyi aslında fazla da tanıdığımızı zannetmiyorum.

Bir kere Aynaroz gerçekten mistik bir bölgedir. Halkidiki Yarımadası'nın bu ucunda yirmiyi aşkın manastırda, 2 bine yakın keşiş ve din adamı yaşıyor. Tabii bölgede hiçbir rahibe manastırı yok ve kadınlar da giremiyor.

Yarımadanın en ucundaki 2.400 metre yükseklikteki Agion Oros, yani Mukaddes Dağ'da yıldırımlara karşı dayanması için metalden inşa edilen zirvedeki kiliseye yılda sadece bir kere, 6 Ağustos'ta tırmanılarak ayin yapılıyor. Mistik ve zor bir hayat var.

Dünyadan çekilen keşişlerin yanında, sabahtan akşama çalışarak tarım yapan, hayvan besleyen, ormancılıkla manastırların yaşamını sağlamaya çalışan rahipler var. Turizm ve bağışlar söylendiğine göre bu varlığın içinde çok da yer tutmuyor. Yalnız Avrupa Birliği asırlık manastırların hemen her birini restore etmeye başlamış.

Fakat asıl ilginç nokta; bütün bu manastırlar bölgesinin Atina'daki patrikhaneye değil, doğrudan Fener'deki ana patrikhaneye bağlı olmasıdır. Keza Girit ve Akdeniz adalarındaki Ortodoks kiliseler de öyledir.

Hiç kuşkusuz Hıristiyanlık tarihindeki bir deyimle "Zelotlar" diye adlandırılan ve Patrik Bartholomeos'un Roma-Katolik Kilisesi ile ilişkilerine karşı çıkan manastırlar da var. Ortodoks inanç bazı hâlde Katolik ve Protestanlığa o kadar karşı ki bizim gibi Müslümanlar bazen Ortodoks manastırlarda daha sıcak bir kabul görebilir. Ama genelde misafirperver, derin ibadet eden ve çalışan bir zümre gördük.

Geçirdiğimiz Cumartesi gecesinden sonra Pazar sabahının erken saatlerinde izlediğim ayinde kilisenin korosu hüzzam makamında ilahiler okudu, muhteşemdi. Bir önceki hafta saba makamı tercih edilmiş.

Manastırların önemli kısmında Osmanlı padişahlarının bahşettiği imtiyaz ve muafiyet beratları saklanıyor. Balkanların ucundaki bu noktada Akdeniz'in mavi enginliği, gök kubbenin mavi sonsuzluğu içinde Osmanlı asırlarının derinliğini hissetmemek mümkün değil. Bu dünyayı birbirine bağlayan öyle çok unsur ve kurum var ki...

ARNAVUTLUK

Arnavutluk dışa açılacak deniliyor; bu dışa açılma şayet yılda birkaç milyon turist, kıyılarda yüzlerce ve binlerce beton blok, ülkenin yüzeyini kaplayacak otoyollar, egzoz dumanı, plastik uygarlığının getireceği yüz bin ton çöplük demekse, yalnız Arnavutlar değil, herkes iki kere düşünmeli. Şehir ve kırlarda kuş seslerini motor gürültüsü bastıracak, şimdilik Arnavutluk'ta en az bulunan nesneler, yani plastik torba ve pet şişeler dağlara taşlara yığılacaksa, sokaklardan çöp diye meyve kabuğu, kağıt ve at gübresi yerine kimyasal atıklar süpürülecekse, herkesin ayakkabısının tabanına ciklet yapışacaksa ülkeye yazık olur. Arnavutluk ülkesi sosyalizmin son mevzii mi bilemem ama çevre kirliliğine karşı güzel doğanın ve doğası bozulmamış sıcakkanlı bir halkın son kalesi olduğu görülüyor. El değmemiş dağları, göl kıyıları ve arsızca turist kovalamayan, "efendi" diye betimleyeceğimiz bir halk... Arnavutluk halkı aslında dünyaya kapalı kalmış da değil. Apollonia Harabeleri'nde Avlonya köylerinden gelen genç bir ziyaretçi grup nefis bir ezgiyi koro hâlde terennüm ediyorlar. "Bu ne?" diye sorduğumda biri düzgün bir Fransızca ile açıklama yapıyor, beriki İtalyanca konuşuyor.

Tiran'dan tanıştığım memur ve akademisyenlerin içinde beş altı dili kusursuz şakıyan polyglotların sayısı bir hayli fazla... Gitmedikleri ülkeleri dili ve dişiyle tanımak Arnavutlara has marifetlerden olsa gerek.

Arnavutluk deyince Podgradets'deki tertemiz göl kenarına bloklar dikilmemiş Adriyatik kıyıları, çöplüksüz, pet şişesiz karayolu kenarı, 1950'lerin Türkiye'sinde var olup da şimdi bulamadığımız manzaralar akla geliyor. Arnavutluk yeşilin son ülkesidir aslında. Elbasan'daki bodur bacalı eski teknolojili kocaman demir çelik tesisleri, kentlerin etrafında rastladığımız kirli duvarlı fabrikaları da belirtmeliyiz. Ama İşkodra Gölü üzerinde mavi sabah sisi salınırken, yeşilin tonu ve dumansız şehirler bu ülkede çok tipik görünümlerdir. Tiran'ın meydanında top oynayan gençler, çocuk arabası süren anneler, ortaya çıkan bir körüklü otobüsü, bir beygirin çektiği bir askerin sürdüğü orduya ait arabayı veyahut ağır, hantal bir Çin kamyonunu, meydanda ne işin var, tavrıyla baştan savıyorlar. Küçük çocuklarınızı hangi başkentin ana meydanında oynamaya bırakabilirsiniz? Tiran'da evet.

Arnavutluk'ta ekilebilir arazinin hemen hepsi ekilmiş, ekili olmayan noktalarda Arnavutluk'un sathını kaplayan ünlü beton koruganlar; Çin Seddi'ni andıran bir başka savunma çeşitlemesi... Savunma harcaması, eh işte! Tüketim çok mütevazı düzeyde... Dükkânlarda çok çeşit yok. Ama insanlar ikramcı ve cömert... Birinin elindeki bir sepet kiraza gözünüz kaymaya görsün, mutlaka ikram ediyor. Cana yakın bir halk, her akşam tıklım tıklım dolan Tiran Operası'ndan çıkarken, pırpırlı elbiseli üç dört yaşlarındaki bir kız çocuğunun size gülümseyerek bale gösterisi yapması, meydandaki havuzun kenarına kümelenen gençlerin geçen yabancılara dostça ve zekice laf atmaları, yol sorduğunuz insandan kırk yıllık ahbapmış gibi ayrılmanız... Size Balkanlarda, hem de Balkanların en kibar halkı arasında olduğunuzu hatırlatıyor. Sağda solda rastladığınız bir milletvekili, bir eski elçi mütevazı koşullar içinde... Diğer sosyalist ülkelerin aksine Arnavutluk'ta büyük gelir farkları gerçekten yok. Parti bürokratlarının çocuklarının doldurduğu dans pisti, restoran falan yok.

Tiran'ın meydanları, sokakları ve binalarının üslubuyla Arnavutluk, acı tatlı tarihini anımsatan bir şehirdir. Nüfus 250 bin kadardır. Kentin ana alanı İskender Bey (George Kastrioti) Meydanı'nda Enver Hoca heykeli, ama İskender Bey'in heykelini ve görkemini gölgelemeden duruyor. 1930'larda İtalya'nın bu şirin başkentte diktirdiği binalar -ki bunlar hemen Arnavut Şehitler Bulvarı'nın iki yanında yer alan bakanlıklar ve otel- ve Kral Zogu'ya verdiği rüşvetlerle Arnavutluk'a sızması, Büyükelçi Yakup Kadri Karaosmanoğlu'nun *Zoraki Diplomat* adlı anıları gibi başka hiçbir yerde bütün trajik boyutlarıyla anlatılmamıştır. Savaştan sonra Mussolini'yi matrağa alan çoktur ama o devirde Yakup Kadri kadar Tiran'ın sathındaki faşizmi yeren, tahkir eden bir yazar zor bulunur. Arnavutluk'un 20 bin şehidinin adını ve anısını taşıyan bu bulvarın iki yanında Stalin ve Lenin heykelleri var. Stalin, Arnavutluk'u Yugoslavya'ya karşı destekleyen lider olarak anılarda yaşıyor, isimleri ve resimleriyle...

Bulvarın bir kıyısında bulunan beyaz piramit biçimindeki anıt Enver Hoca Müzesi'dir. Arnavutluk yakın tarihinin çok canlı belgelerle ve güzel bir düzenle sergilendiği bir binadır. Bulvarın sonunda Tiran Üniversitesi yer alıyor. Bu bulvarı kesen caddenin özelliği 1950'lerden kalma binalarla bezenmiş olmasıdır. Çevredeki Edebiyat Fakültesi (Marcel Cachen Caddesi'ndeki) de Arnavutluk'taki Sovyet dostluğu döneminin anılarındandır. Aslında Arnavutlar, Sovyetleri pek tanımaz, ama burada Rusça bilen ve bu edebiyata merakı olanlar başka hiçbir Doğu Avrupa ülkesiyle karşılaştırılmayacak kadar yüksek bir orandadır. Ruslardan kalanlar Neo-Rönesans stilindeki Petersburg/Leningrad tipi binalardır. Tiran, Bükreş, Sofya, Belgrad, Ankara gibi Balkan başkentleri kategorisinden, Berat, Girokastro, İşkodra ise Arnavutluk ve Balkan şehirleri kategorilerinden şehirler, Osmanlı mimarisinin, daha doğrusu bin yıllık Balkan'ın taş işçiliğinin en güzel canlı örneklerini barındırırlar. Konumları, dantel gibi işlenen doğa ve taş yapılarıyla Tiran'dan çok daha başka bir havaları var ve Arnavutlar bu şehirlerde yaşıyor ve geleneği yaşatıyorlar. İşkodra'nın geçen yüzyılda Ressam-mimar Kalodremana tarafından düzenlenen bugünkü Enver Hoca Caddesi; bir zamanlar İşkodra tüccarının yaşadığı resim gibi bir caddedir. Bu resim gibi cadde, hem ülkenin doğasını hem küçük şehrin sıcaklığını hem de Orta Avrupa baroğunun esintilerini elan saklıyor.

Balkan başkenti Tiran'ın Avrupa ve dünya ile bütünleşmeye çalışan biçimciliği onlarda yok, ama Tiran'ın hem samimi hem ağır bürokrasiden, bir yandan buram buram müzik ve ev sıcaklığı kokan, öte yandan mesafe koyan çelişkili havası da onun bir Batı Avrupa değil, Balkan başkenti olduğunu gösterir. Balkanların şehirleri, zamanları ve ideolojilerin ötesinde aynı mayadan yoğrulmuş kardeş şehirlerdir. Tiran, Bükreş, Belgrad, Ankara ve Sofya'nın kravatlı, soluk gözlüklü çehreleri arkasında bir Balkan mahallesinin sıcaklığı yatar. Selanik, İzmir, Antalya, Dubrovnik'in Akdenizliliği Marsilya ve Barcelona'dan farklıdır. Saraybosna, Tırnova, Bursa, Berat, Kastorya-Konya "Ben Balkanlıyım" diyen soylu sıcak kentlerdir. İnsan hepsinde kendini evinde sanır ve hangi dili konuşurlarsa konuşsunlar sokaklarındaki insanlarla hemşehridir. Bir köşedeki cami ile yan meydandaki kilise, kentin kenarındaki sinagog, insana, çocukluğunda dedesiyle gittiği mabedin sıcaklığını verir. Pencerelerden sokağa aynı tip yemeklerin kokusu taşar, bir düğüne rastladığınızda akraba düğünü gibi rahatlıkla neşelenir, birlikte eğlenirsiniz. Balkan şehirleri dış dünyanın maddi ve manevi kirlenmesinden korundukça daha çok düşman çatlatacaklar.

Arnavutluk; başkenti, taşra kentleri ve köyleriyle bu dünyanın sevimli bir pazarı... Aman dikkatlice ve kirletmeden gezin.

MAKEDONYA

Makedonya Bilimler Akademisi'nden gelen bir davetle "İkinci Binde Makedonya" semineri dolayısıyla 30 yıl sonra yine Üsküp'teyim. Herkes 2000 rakamının sihrine sığındı ve bir şeyler bekliyor; oysa "150 sene öncesine göre ne değişti?" sorusunu ciddi olarak sormak gerekiyor. Gittiğim ülkenin nüfusu iki milyon, güzel ve bereketli... Bütün Osmanlı başkentini besleyen Vardar Ovası'nın başlangıcı, iki milyonun üçte biri başkentte yaşıyor. Pek iç açıcı bir durum olmasa gerek; çünkü başkent bu nüfusu ne kadar doyuruyor? Makedonya'da Mareşal Tito'nun eşitleyici politikalar devrinden kalma mükemmel bir karayolu ağı var. Ama tarihten kalma başka sorunlar da mevcut... Nüfusun okkalıca bir bölümü Müslüman Arnavut, hiç küçümsenmeyecek bir azınlık ise Türklerden oluşuyor. Bu üç unsurun birbirine muhabbet duyduğunu söylemek iyimserlik olur. Arnavutlarla Makedonların kavgası malum; bu yetmezmiş gibi Manastır'ın (Bitola) ortasında çeşitli Türk dükkânlarını yakan Makedonlar var. Makedonlardan hazzetmeyen Türklerin Arnavutlara bayıldığı söylenemez. Arnavutlar ise Türklerin Müslümanlıkları dışında ayrı kimlik taşımalarına tahammül edemiyorlar. 1912'den sonra girilen dikenli yollardan sonra hâlen 1912'nin olumsuz şartları ortadan kalkmış gibi değil. Zamanın iyi bir hekim olmasını dilemek lazım.

Toplantıda Rusya İlimler Akademisi'nden Elena Guskova; Arnavutların son çatışmalardaki sorumluluğundan söz ediyor. Arnavutların salonda bulunacağını hesaba katmadan tebliğini hazırlamış herhâlde; ama Makedon Akademisi bu sefer Arnavutluk'tan kalabalık bir heyet davet etmiş, hepsi Guskova'yı "propagandist ve kışkırtıcı" diye topa tutuyor. Kimse bu görüşlerin Guskova'ya ait olduğunu düşünmüyor, ülkesi Rusya, Balkanları karıştıran güç diye gözüküyor. Zavallı Rusya güçlü de olsa, güçsüz de olsa hep suçlu... İsveçli konuşmacı Makedonlara hitaben; "ABD'ye itibar etmeyin" diyor, Avrupacı bir söylem... Ancak hava meydanına indirilen Alman askerî konvoylarına bakınca doğrusu bu gibi bilimsel (!) yaklaşımları ihtiyatlı karşılamak gerektiği anlaşılıyor. Balkanlarda siyaset ve harp maalesef bilimsel toplantılarda daha hâkimdir. Balkanlarda Almanya'dan söz eden yok. Şu sıra herkes Almancı...

Almanca, Balkanlarda bilinen ve aydınlar arasında elan tutulan bir dildir. Almanya ise yaşlı nüfuslu, üretim potansiyeli düşük bu dünyaya, hem stratejik hem tarihî eğilimlere ilgi duyuyor. Tarihî diyorsak, Bismarck sonrası tarihten söz ediyoruz. Çünkü Bismarck, Balkanlardan "Bir Pomeranya askerinin kemiklerine bile değmez" diye söz ederdi (Pomeranya askeri, en eğitimsiz ve ucuz donanımlı bölgesel devşirmelerdi). Bugün başka bir dünya oluşuyor. Almanya'nın Doğu Avrupa ve Balkanlara duyduğu ilgi ve açılımı, sadece Avrupalı ortaklarını değil, eski Almanya'nın dirilmesinden ve Doğululaşmaktan korkan Alman aydınlarını bile rahatsız ediyor.

Balkanlar bizim tarihimiz; Manastır'ın küçük bir Orta Avrupa kasabasınınkini andıran ana caddesi, Manastır halkının bugün bile Fransızca ve piyanoya düşkünlüğü oradaki askerî idadide okuyan genç Mustafa Kemal'in kültürel anlayışının nasıl şekillendiğini açıklıyor. Bu güzel ülkedeki yetmiş iki millet arasındaki gerilim; asayişi sağlayan bir kuvvetin burada niye beş buçuk asır tutunabildiğini gösteriyor.

Üsküp'ün çarşısı, minareleri, şehrin batı ucundaki Aziz Pantolomey Manastırı, Osmanlı kültür mirasının canlı bir resmini oluşturuyor. Çarşıdaki şirin kahvehanelerden birinde ince belli bardaklardan içtiğimiz demli çay, tepedeki Mustafa Paşa Camii, yanındaki türbe, iki katlı evciğin üstündeki "İstanbul Oteli" tabelası bu dünyanın bizden kopmadığını, bizim de oralardan kopamayacağımızı gösterir. Bizans, Osmanlı, Arnavut, Hıristiyan Makedon, Torbeş (Müslüman Makedon) komşular, çay, kahve, börek, köfte... Kurşunlu Han, dükkânlar, özgün mezarlıklar... Balkanlı olmak için her şeye Almanya gibi postalla karışmak gerekmiyor; sadece Yahya Kemal'in hasretle terennüm ettiği bu dünyayı kavrayalım ve sevelim yeter.

BOSNA

1972 Haziran'ında, Saraybosna'da, Avusturya-Macaristan Veliahdı Franz Ferdinand'ı katleden ünlü suikastçı Prinkipo'nun adını taşıyan köprüde durmuş, şehri uzun uzun seyretmiştim. Dört asırlık Bosna, Fatih Sultan Mehmed'den II. Abdülhamid Han'a, Berlin Kongresi'nden I. Cihan Harbi'ne renkli ve olaylı Bosna tarihi gözümün önünden geçmişti. Saraybosna şehrinin ve hepten Osmanlı Bosna'sının gerçek kurucusu Gazi Hüsrev Bey'dir; akıncı beylerinden Ferhad Bey ve II. Bayezid Han'ın kızı Selçuk Sultan'ın oğludur. Yani padişah torunudur, Kanuni Sultan Süleyman Han'ın halazadesi olur. Şehrin iktisadi hayatını da etrafın güvenliğini de zapturapta alan büyük fahrî Bosnalıdır.

Saraybosna'nın merkezi hiç şüphesiz Gazi Hüsrev Bey Camii ve etrafındaki medrese, han ve bedestenden oluşan külliyedir. 1910 yılının Mayıs ayı sonunda İmparator Franz Josef bile şehre gelir gelmez burayı ziyaret etmiş ve artık Avusturya-Macaristan'ın ilk kalabalık Müslüman topluluğuyla burada görüşme ve onları onurlandırma gereğini duymuştu. Üstelik Gazi Hüsrev Bey, eski şehirlerin terk edilen, ara sıra lütfen uğranılan bir mahallesi değildir. Saraybosna halkı Ferhadiye denilen cadde ve Gazi Hüsrev Bey Külliyesi'nden günde bir iki defa geçer. Buradaki dükkânlar Avusturyalıların uzattığı bölümle iç içedir. Gazi Hüsrev Bey Camii, servileri, şadırvanı ile huzur dolu bir köşedir; bir yanıyla bizim artık kaybettiğimiz Bursa, Edirne, İstanbul'un Fatih, Aksaray semtidir.

Yugoslav tarihçiliği, Tito devrini tarihin sonu, mutluluk noktası diye yorumluyordu. Ama öyle olmadığı aşikârdı. Çarşı, pazar ve camileri gezerken bir şeylerin kaynadığı görülüyordu.

Osmanlı İmparatorluğu'nun en renkli ama aynı zamanda da en Osmanlı eyaletiydi Bosna. Merkezî şehir Saraybosna, Bursa'nın ikiz kardeşi gibidir. Geçen asırlarda da yaşadıkları değişikliklere rağmen ikizlerin hayat yolculuğu gibi bu benzerlik bozulmadan sürdü. Şehrin merkezindeki camiler, çarşıdaki dükkân ve kahvehaneler, tepelerdeki konak ve mezarlıklar, Bosna halkının bugün bile devam ettiği dergâhlar, özellikle bunlardan Halvetiye Tekkesi'nde hâlen Fatih Sultan Mehmed Han'ın portresi asılıdır. Düzlükteki, Avusturya idaresinden kalma Bizantino-Mor denilen Şark üslubundaki idare binaları, okul ve imalathaneler; evet, bu 19'uncu asır manzarası dahi Bursa'nın aynı yüzyıldaki profiline çok benzer. Dahası nihayet, Türkiye'nin de dâhil olduğu bütün Balkanlar gibi II. Cihan Harbi sonrası dönemin iğrenç binaları bu güzelliklerin üstüne kâbus gibi çöker.

Evliya Çelebi *Seyahatname*'sinde; Bosna halkının nitelik ve güzelliklerini anlata anlata bitiremez. Bosna'nın doğası kadar insanlarının boyu posu, yüz güzellikleri de dünyayı gezen seyyahı büyülemiştir. Bosna halkının kaç-göçten uzak yaşamı yanında tutucu âdetlerini de tasvir eder. Mesela, evlenen gençler bekâr arkadaşlarıyla ilişkiyi kesmek zorundaymış. Geçen asırlarda konuşulan ve Arap harfleriyle yazılan dil, o kadar Türkçe ve o vesileyle Arapça, Farsça deyim kazanmış ki âdeta Boşnakça denilecek bir yapılanma başlamış ama dil Hırvatlarla Sırpların konuştuğunun aynısıdır. Ne var ki, aynı dil (lisan) aynı dil (gönül) demek değildir. Hele yaşama hükmeden zevk ve âdetler, Bosna'ya damgasını vuran mimari öbürkülerden çok farklıdır.

Bosna'da hâkim din 15'inci asırdan beri İslam'dır. Tabii her Bosnalı bu dini kabul etmiş değil, idareci ve mülk sahibi zümreden başlayarak yavaş yavaş yayılmış. Ama doğrusu Türkiye İslam'ının en pekin ortağıdır Bosna. Bu ülke fetihten hemen sonra en ünlü Müslüman âlim ve fakihleri, yani hukukçuları yetiştirmiş. Mevlevilik ve Halvetilik gibi tarikatlarla Türk-Arap ve Fars diline de vakıf zümreler çıkmış. 16'ncı asrın en önemli ve hâlâ da önemini koruyan hafız şerhi Bosnalı Sudi Efendi'nindir. Malum, İran şairi Hafız'ı şerh etmek zor iş; bütün Şark edebiyatını, tarih ve felsefesini, ayrıca Arapça ve Farsçayı çok iyi bilmek lazım gelir. İşte Bosna bir asır içinde böyle marifetli adamları yetiştirmiş. Bosna uleması İstanbul'un çok etkisindeydi ve doğrusu İstanbul'un medreselerini de doldurmuşlardı. Avusturya'nın ilhak etmesinden sonra da Bosna'nın reisü'l-ulemasını, yani başmüftü ve vekilini İstanbul'da şeyhülislamlık tayin ederdi. Bosna, Avusturya-Macaristan İmparatorluğu'nun ortak eyaletiydi. Bu yüzden de Avusturya ve Macar memurlarının birbirleriyle çekiştikleri bir alandı. Galiba Macarlar Müslümanları daha çok tutuyordu. Doğrusu 17'nci yüzyıldan beri, kendi adamları tarafından idare edilen, hatta imparatorluğu bile o adamların idare ettiği Bosnalılar için hoş bir dönem değildi. Daha sorunlu dönemler de geldi. Bazı ülkeler, tarihi, büyük ızdırap ve yoğun fazilet imtihanlarıyla yaşamak zorunda kalmıştır. Bosna bunların başında gelir. Dört yıl evvel yıkıntılar içinde bir ülke vardı; bugün daha ümitli ama değişik sorunlar da var.

Bosna'nın bugünü, Balkanlaşma süreci dediğimiz ve 19'uncu yüzyıl boyunca büyük devletlerin Dışişleri memurlarının bürolarında küçük Balkan milletlerinin hayatı ile âdeta satranç oynadıkları devri hatırlatıyor. O zamanki dünyanın düzeni malum; büyük devletler ve sömürgeler vardı. Herkes bu sınırların ardındaydı. Açık saha 1699'dan beri giderek anayurduna doğru itilen Osmanlı'nın terk ettiği Balkanlar bölümüydü. Balkanlar zenginleşiyordu ve uyandıklarını zannediyorlardı. Büyük hayallerle çıktıkları yeni tarihî yolculukları kanlı bir hayatı getirdi. Herkes herkesi yiyordu ve her birinin arkasında ya Viyana-Berlin ya St. Petersburg veya Paris, hatta Roma vardı. Zavallı güngörmüş eski başkent, Slavların hâlâ Zarigrad dedikleri İstanbul, yıkıntının molozlarını süpürmekle meşguldü.

Çeteci Balkanlılar, cumhuriyet idealiyle girdikleri kavgalarını Avrupa'dan getirilen kırsal Alman hanedanlarının prenslerine taç giydirerek noktalıyorlardı. Kalabalık köylü kitleleri Osmanlı yönetimine karşı çözülemeyen toprak sorunları yüzünden ayaklanmıştı ama yeni yönetimler bu sorunları hiç çözemiyordu. Sanayileşme pek yavaştı. Zayıf bir tüccar burjuvazi ve çok iddialı ama Almanya ve Prag tarihçi ekollerinin beslediği kof millî aydın sınıfların popülist ve milliyetçi söylemi ile iktisadiyat pek düzelmese de kavgacı ruh gelişiyordu. Gerçekte Balkanlı köylünün hayatı iyi olmasa da, Doğu Avrupalı ve Akdenizli köylü kitlelerininkinden daha fena değildi. Karl Marx, Engels ve Urqhuart gibileri Rusya'nın Balkanlara ne getireceğini haklı olarak soruyorlardı. Büyük devletler; yani Avusturya Habsburg hanedanından, Rusya Romanovlardan, biz Osmanlılardan ve hiç kimse Bourbonlardan Balkanlara prens veya kral ithal etmeyecekti. Bu konuda bir centilmenlik antlaşması vardı. Geriye, hayatlarını avlanmakla ve biraz daha akıllı ise kitap okumakla geçiren küçük Alman hanedanlarının hükümdar adayı prenslerinden başkası kalmıyordu. Bunlardan Bavyeralı Otto, Yunanistan'ın başkenti Nauplia'ya geldi. Konumu uygun bu şehri beğenmedi, romantik bir özlemle başkenti Atina'ya nakletti. Fakir krallığın kaldıramayacağı bir sürü masraf yapıldı. Otto eski Yunancayı çok iyi biliyordu. Modern Yunanların konuşup yazdıkları dili beğenmiyordu ve nazırların verdiği raporları bile kırmızı kalemi ile tashih ediyordu. Memleketin bürokrasisi öğretmen hükümdar yüzünden yazıp çizemez hâle gelmişti. Bu hükümdarların çoğu Balkan ülkelerine gelirken ellerinde Baedeker seyahat rehberinden başka ciddi bir müracaat kitabı yoktu. Bavyeralı Otto'dan sonra tahta getirilen Danimarkalı hanedanın ilk üyesi, "Ben inancımı değiştirmem" diye tutturdu ve Ortodoksluğu kimselere bırakmayan, kendi Katolik Yunanlarına bile eziyet eden bu ülke, Protestan kralla işini yürütmek zorunda kaldı. Küçük Balkanların her bir halkı ayrı birer ırk; Romenler Latin, Helenler ve Arnavutlar kendine özgü dilleri olan birer ırk, Slav ve Türkler ise hiçbiriyle alakası olmayan yönetici uluslardı. Osmanlı İmparatorluğu'nun demir eli hayatı dört asır boyu dondurmuştu. Slavların Arnavutları emme süreci kesildi, Yunanlar arasında Slav ve Arnavut yayılması sona erdi, Romenler Slav denizi içinde boğulmaktan kurtuldu. Osmanlı havası çekildikçe eski sancılar başladı. Tespit edilen sınırlar içinde hiçbir ülke homojen bir nüfusa sahip değildi. Aynı dili konuşanlar bile birbirleriyle boğuşuyordu. En fecisi ise Sırp-Sloven Krallığı, yani sonraki Yugoslavya'ydı.

Parlamentoda, yani Skupçina'da Hırvat ve Sırp mebuslar birbirlerini kurşunlamakta tereddüt etmezdi. Bu sözde birleşik ülke II. Cihan Harbi'nden sonra Tito'nun taviz vermez sert politikası sayesinde 40 yıl kadar yaşadı. Nihayet bildiğimiz feci olaylarla tarihini kapadı.

Bugün Balkanlar aynı Balkanlar mı? Sorunlar devam ediyor; gerçi Slovenler koptu gitti, Avrupa Birliği'nin korosunda yerini aldı ama müstakil Makedonya, Balkanların üç devleti arasında çekişme alanıdır. Bu çekişmeye direnmek için kendi iç yapısının sağlam olması gerek; ancak hiç de öyle görünmüyor. Arnavut, Slav-Makedon ve Türk unsurun arası hiç de iyi değil. Bosna-Hersek Cumhuriyeti'nde Sırp, Hırvat ve Boşnaklar federasyon hâlinde yaşamaya çalışıyor. Kendi aralarında gülün adı konusunda bile anlaşamayacaklarından Saraybosna'daki Birleşmiş Milletler ve Avrupa Birliği otoritelerinin tavsiyelerini el pençe divan bekliyorlar. Ortalıkta gezinen bir alay uluslararası memurun entrikası ve boş iddiaları, çevrelerine dağıttıkları parayı bekleyen bir alay mütebasbıs yerli memur ve entelektüel kalabalığı bu durumun fotoğrafı gibidir. Karadağ, Sırplardan kopmak istiyor, hatta koptu; çok hazin bir durum ama birlikte olsalar ne olacak? Bosna'daki Hırvatlar bu ülkede yaşamasalar bile orada ev ve arazi almaya devam ediyorlar. Ne var ki Dalmaçya bölgesinin Hırvatları Zagreb Hırvatistan'ından pek de hoşlanmıyor. Bu gerilimi besleyen, hiç şüphesiz en başta Almanya ve Avusturya blokudur. İngilizler de onlarla yarışıyor. Özgür Bosna, Avrupa Birliği tarafından pohpohlanan Hırvat unsurun ekonomik baskısına ne kadar direnebilecek? Sırplarla işbirliği yapması ise mümkün değil. Bosna'da nasıl bir politika takip edersek edelim, ama barışın yerleştiği gibi bir masala ne inanalım ne de tekrarlayalım.

Otuz yıl sonra döndüm; savaşın yıktığı Bosna ise yine güzel bir ırkın ülkesiydi ama çok fakirleşmişti. Sırplardan nefret ediyorlardı; konuşulan dilin içine ısrarla Osmanlı'dan kalma sözcük ve yeni türetme kelimeler sokuyorlardı. Yani âdeta Sırpçadan ayrı bir Boşnakça güçlendiriliyordu. Eskinin Yugoslav Bosnalıları daha çok Müslüman kimliğini benimsemişti. Sayısı artan camiler, hiç değilse Cuma günleri hıncahınç doluyordu. Bosna yeniden bir Osmanlılık benimsemişti ve bu Osmanlılık, Suudi Vahhabilerin ve İran İslam Cumhuriyeti'nin propagandasına direniyordu.

Bazı şeyler bu yıllara göre değişti; insanlar daha rahatladı. Bir yandan da komşu etnik gruplarla uzlaşmaz bir yola girdi. Bosna'da hoş bir Müslümanlık var. Namaz vakti blucinli kızlar örtünüp camilere giriyor, sonra hayata devam ediyor. Saraybosna'nın ortasındaki Başçarşıya Camii, ezan vakti zarif minaresinde hoparlör kullanılmadan, insan sesinin güzelliğiyle Müslümanları namaza çağırıyor. Bütün tarihi boyunca muhafaza edilen Tahtalı Sokak, Ulica Mustafa Başeskiya (karakol reisinin ismi) gibi yerler Osmanlılığı bir iklim olarak saklıyor. Karşısındaki Velika Avliya'da sinagog ve Yahudi müzesi var. Bugün Bosna'da II. Cihan Harbi sırasında Hırvatların ve Almanların elinden kurtulan Yahudiler, göç etmemişlerse de çok az sayıda varlar.

Mostar Köprüsü

Bosna'da İslamiyet'i hane içinden cemiyet hayatına ve ulusal kimliğe dönüştürenler Sırpların ve Hırvatların saldırgan ve cahil milliyetçiliğidir. Korkunç iç harpte buranın bombalandığını duydum. 2000 yılında ziyaret ettiğimde güya restore edilmiş bir Gazi Hüsrev Bey Camii vardı. Suudiler kendilerine göre işi bitirmişti. Güzelim kesme taş duvarlar sıvanmıştı, caminin mihrabı mozaiklerle bezenmişti. Bizim Ankara bürokratları, Diyanet İşleri Başkanlığı ve vakfı neyi öncelikle ele alacaklarını bilemezler. Bunda plansızlık programsızlık kadar asıl umumi malumat eksikliği rol oynar. Harap olan Bosna'ya yardım elini uzattığımızda adam edeceğimiz en baş eser bu olmalıydı; oysa onu kendilerine göre iddiaları olan petrol zenginlerine bıraktık ve Osmanlı mimarisinin bu seçkin örneği bugünkü tasvip edilemez görünüme düştü.

Hükümetimiz, politikacılar ve basın Mostar'daki köprü açılışına büyük ilgi gösterdi. Daha önemlisi şehrin iki tane yok olma derecesindeki camii, IRCICA (İslam Araştırma ve Kültür Merkezi) tarafından restore edildi. İslam Konferansı pek akıllıca işleyen bir kurum değildir. Ama onun İstanbul'daki bu kültürel merkezinin, Birleşmiş Milletler'in UNESCO'sundan daha etkili ve ehliyetli çalışma gösterdiği açıktır. 16'ncı asrın dâhi mimarı Sinan'ın yetiştirmelerinden ünlü mimar Hayrettin Ağa'nın eseri olan Mostar Köprüsü asırlara dayanmıştır. Baharda Neretva Nehri'nin yükselen suyuna sadece yüksekliği ile değil, iki yanındaki taştan kulelerin birleşik kaplar esasına dayanan sistemiyle bu suyu emip boşaltarak da direnç göstermiştir. İç savaşta bence Sırplar kadar ırkçı olan Hırvat çetelerin kasıtlı top atışıyla yıkıldı. Son 10 yılın tarihini kendilerine göre yazan Hırvatlar nedense bu olaylardan hiç bahsetmiyorlar. Beynelmilel bir destekle yeniden inşa edilen ve açılan köprü bence beynelmilelci teatraliteyi hiç hak etmiyor.

Şehrin Avusturya zamanında gelişen ve ünlü Avusturya Lisesi'nin bulunduğu meydana "İspanya Meydanı" adı verildi. Nedeni burada kazada ölen bir manga İspanyol Barış Gücü askeridir. Pekâlâ, hatıraları önünde saygıyla eğiliyoruz. Lakin şehrin etrafındaki tepelere Müslüman komşularına meydan okurcasına Ortaçağ usulü kocaman bir haç diken Hırvatlara kendi askerî araçlarıyla yardım eden aynı İspanyollara ne demeli? Dahası şehrin silüetini bozan anormal yükseklikteki çan kulesini yapmalarına ne demeli? Bitmedi. Bir iki camideki hoparlöre nispet çan kulesine de hoparlör bağlamışlar. 21'inci yüzyılda beraber yaşama sistemi böyle mi geliştirilecek? Bosna güzel bir ülkedir. Üç etnik grubun ne kadar titiz ve çalışkan olduğunu tartışacak değilim. Ama sayım ve envanter memurlarının bile gösteremeyeceği bir titizlikle hiçbirini atlamadan köy ve şehirlerdeki her bina kurşunlanmış, top atışına tabi tutulmuş. Hâlâ ücra orman köşelerinde mayın patlıyor, insanlar kültürel tahrip savaşı verdi, şimdi de demografik savaş veriyorlar. Artan doğum oranları sonucu dünyaya gelen dünya tatlısı bebeklere nasıl bir istikbal sağlanacak, bunu doğrusu çok merak ediyoruz.

Pek iç açıcı olmayan gerçekler de var. Fert başına millî gelir hâlen 2.400 dolar civarında. Bu rakam bize 1980'lerin başındaki Türkiye'yi hatırlatıyor. Bir kısım insan neredeyse dünya standartlarında yaşayıp tüketirken, çoğunluğun hayatı çok zor. Âtıl bir işadamı zümresi var. Yabancı sermaye pek istekli değil. Öte yandan, Slovenya'nın yatırımları bile Türklerinkinin önünde... Avrupalılar hiç çekinmeden Bosna hükümetinin işine karışıyor ve Bosna üç etnik grubun çekişmesi yüzünden yüksek komisere teslim olmuş vaziyette...

Federasyonun içindeki Sırp Cumhuriyeti'nin Sırbistan'a yamanma isteği açık; ne var ki onların içinde de bazı akıllılar bunun pek çıkar yol olmadığını kavramış görünüyorlar. Türkiye'nin yeni büyükelçisi Bülent Tulün Afganistan'dan buraya geldi, kendisi gerilimli bölgelerin uzmanı... Bu tip diplomatlarımızın bu bölgelerle ilişkilerde bir avantaj teşkil ettiği açık, nitekim daha önce de Şükrü Tufan'ın büyükelçiliği oldukça etkiliydi. Bütün eski Yugoslav cumhuriyetleri, Sırbistan hariç, iktisadi kurtuluşu Avrupa'da görüyor. Avrupa Birliği'nin hayali olmasa, Dalmaçya kıyıları bile ayrı bir cumhuriyet olarak Hırvatistan'dan kopmaya hazırlanıyordu. Ama Bosna'nın bizi hayran bırakan modern İslam'ı bile Avrupa'daki fanatik çevreleri şüpheden kurtarmıyor.

MACARİSTAN

Buda'daki Osmanlı beylerbeyleri 1526'da Kral Matyas Corvinus'un sarayına yerleşmiş. Bugün o sarayın yerinde Habsburglu hükümdarların yaptırdıkları ama hiçbir zaman oturmadıkları heyula gibi bir bina kompleksi var: Bir ara Macar krallık bürokrasisinin, bugün de nefis Macar Millî Müzesi'nin galerilerinin, devlet arşiv ve kütüphanelerinin bulunduğu bina. Buda'daki tek büyükelçilik Türkiye'ninkidir.

19'uncu asrın neo-gotik üslubunda yapılan balıkçı burçları (Holasybastya) yanında bir başka heyula daha var: Hilton Oteli. Hilton, güzel şehirleri çirkinleştiren oteller zincirinin sahibidir. Hilton otellerinin içi güzel ve konforludur, dışı ise şehirlerini seven insanları sinirlendirmeye yarar. Bu operasyonun başlıca iki kurbanı da İstanbul ve Budapeşte'dir. Üstelik Budapeşte Hilton, çevreci politikanın şampiyonu geçinen sosyalist Macaristan zamanında yapıldı.

Buda, şehrin tarihî kısmı ve en kişilikli kesimi; Türk hamamları ve Gülbaba Türbesi de buradadır. Harp Tarihi Müzesi'nin bahçesinde son Budin Komutanı Arnavut Abdurrahman Abdi Paşa'nın mezarı var. Mezar taşına "Kahraman Düşman" diye yazılmış. Macarlar, Osmanlı hâkimiyetine karşı rahat hatta, saygılıdır. Zigetvar'da Kanuni'nin türbesini onarttılar ve yanı başına da kocaman bir Kanuni Süleyman büstü diktiler. Gyula Szegfy Okulu'na mensup tarihçiler, 160 yıllık Türk hâkimiyetini (1526-1686) Habsburg-Osmanlı mücadelesiyle geçen ve Macaristan'ın harap olduğu devir diye tarif ederler; Kaldor-Nagy gibi Türkologlar ise ciddi ciddi araştırmalar yapıyor; farklı ve hayırhah yorumlar ortaya koyuyorlar. Tuna'nın kıyısında bir de General Bern Meydanı var. Polonyalı Joseph Bern 1848'de özgürlük için ayaklanan Polonyalı, Macar ve İtalyan kuvvetlerin başındaki komutandır. Macar halkı ona şükranını heykelini dikerek ifade etmiş. Bir yıl sonra ayaklanma bastırıldığında General Bern, âlicenap Türk imparatorluğuna sığındı. Devlet onu Avusturya'ya iade etmeyince Müslüman oldu; işte bizim ünlü Murat Paşamız. Nereden nereye...

Tuna Nehri'nin karşı yakasındaki Peşte ise parlamento binası başta olmak üzere 19'uncu asır eklektik mimarisinin harika örneklerinden oluşan planlı bir şehirdir. Bazı sanat tarihçileri, orijinal bir mimari eser yok diyorlar ama doğrusu entelektüel mimarların ve iğneyle kuyu kazan ustaların eseri olan Peşte, birbirinden güzel binalardan oluşur. Budapeşte, Macar milletine ulusal bilincini vermek isteyen bir şehirdi. Her bina ve her köşe bir iddiayı ve bir propagandayı yansıtmak için düzenlenmiş. Burası heykeller ve binaların üzerindeki kabartma panoramalarla halkı eğiten bir başkenttir. Şu sıralar sokak isimleri değişmiş; benim gençliğimin ünlü Nepköztarsasag (Halk Cumhuriyeti Caddesi) yeniden kraliyet dönemindeki gibi Kont Gabor Andrassi'nin adını almış. Macar mücadelesinin ünlü milliyetçi lideri, çifte monarşinin teşkiliyle Avusturya-Macaristan'ın Dışişleri Bakanı olunca imparatorluk savunucusu kesilmiştir.

Budapeşte sokakları Türk turistlerle dolu; memnuniyetle söylemeli, pek azı bilinçsiz ve tesadüfen gelen takımdan. Genç kuşaklarda tarih ve coğrafya merakı artıyor; kış ortasında Budapeşte'ye koşmaları bunu gösteriyor. Budapeşte'de katıldığım konferansın konusu "İstanbul'un Fethi" idi. Ünlü para babası George Soros'un kurduğu Orta Avrupa Üniversitesi'nin (CEU) Ortaçağ Tetkikleri Bölümü tarafından tertiplendi. Bu üniversite, Yahudi tarihi tetkikleriyle de tanınıyor. Talebelerin içinde eski Sovyetlerden gelen Litvanyalı, Ukraynalı, Beyaz Rusyalılar var ve aralarında Rusça değil, İngilizce konuşuyorlar. Oysa Türk cumhuriyetlerinden gelenler, Rusçadan başka bir dil kullanmıyor. Macar halkı ve aydınlarını "tarihçi halk" olarak nitelemek gerekir. Geçen asırda ve zamanımızda yaşanan tarih, hiçbir halkın zihnini ve gönlünü bu derecede işgal etmemiştir. Cahili okumuşu, yaşlısı genci, komünisti liberali Macarlık üzerine günde 18 saat düşünür. Yıllar önce ünlü Macar tarihçi Szegledi'nin Viyana'daki bir konferansını hatırladım; sorular faslında Macar göçmeni olduğu güzel ama şiveli Almancasından belli bir hanım; "Ah profesör, tramvayı kaçırdığım için konferansın başına yetişemedim. Bir kere daha söyler misiniz, biz Macarların menşei nedir, nereden geliyoruz?" diye sormuştu. Zavallı Szegledi gülümseyerek; "Ah hanımefendi, bir saattir bu konuda bir milimlik bir ilerleme kaydedebildim mi bilmiyorum" demişti. Macarlar tarihçi ama tarihlerinin malzemesi cömert değil, o müthiş tarihçiliklerine rağmen yavaş ilerliyorlar. Hayatları zor, yaşadıkları tarih de zor... Nüfusu azalan Macaristan panik içinde ve aydınlar Macaristan'ın eksiğini kapatacakmış gibi çok çocuk yapıyor.

Bütün şehir, müzik ve tiyatroyla doludur. Sabahın 11'inde bile opera temsili verilebiliyor. Avrupa'nın klasik uygarlığını en çok koruyanlar Macar halkıdır. Hâlâ klasik Yunancayı ve Latinceyi ciddiyetle öğreten liseler var. 19'uncu asrın romantik milliyetçi ressamlarını bu kadar saygı ve iştahla izleyen kitlelere ancak Budapeşte'de rastlanır. Kısacası Macaristan'ın başkenti sadece imparatorluğun uç noktasını anlamak için değil, Avrupa tarihinin serencamını gözlemek için de gezilmelidir.

Sultan Süleyman'ın kalbi nerede gömülü?

Ünlü Szigetvar (Zigetvar) Kalesi 5 Eylül 1566'da düştü. Bugünkü Macaristan'da, Tuna'nın üzerindeki bir adadadır. Sziget "ada", var "şehir" ya da "kale"; demek ki Tuna üzerindeki ada kalelerden biriymiş. Kanuni'nin fethettiği kale neredeyse tamamen tahrip edilmiş ve yeniden yapılmıştır. Bugünkü kale temelde Osmanlı askerî mimarisini yansıtır. 5 Eylül'de zafer davulları vurduğunda cihan padişahı Muhteşem Süleyman hasta olarak geldiği bu seferde zaten iki gün önce vefat etmişti. Ölümü gizlendi. Cesedin acele tahniti için iç organların çıkarılması gerekiyordu; onlar çadırın içine gömüldü. Tahnit edilip giydirilen padişahın naaşı tahtına oturtuldu ve zafer geçidi yapan ordusunu selamladı. Hastalığından dolayı gelişi istisnai olarak arabada olmuştu. Naaşının nakli de arabada yapıldı. İstanbul'a yaklaşıldığında ölüm haberi ancak duyuldu. Orduda gulgule yeri göğü tuttu; yeni padişah Sultan Selim Han'a biat edildi.

Süleymaniye Camii'nin avlusuna defnedilmişti

O gün bugündür Szigetvar'a yapılan türbe benzerinin gerçek mezar olup olmadığı tartışılıyor. Osmanlı tarihinde seferde ölen ikinci padişah türbesidir. Kosova'daki Murat Hüdavendigar Türbesi'nde de padişahın iç aksamı gömülüydü ve o türbe bugüne kadar, bilhassa 1912'den sonra yapılan antlaşmalarla olduğu gibi muhafaza ediliyor. Bu ikinci mezar, yani Kanuni Sultan Süleyman Han'ın Zigetvar'daki türbesiyse Avusturya döneminde tahrip edildi, yeniden yapıldı. Yeniden yapılanın temsilî olduğu üzerinde duruluyor.

1980'lerin başında Macar hükümeti uygar bir tarih anlayışıyla kaleyi savunan komutan Miklos Zrinyi ve Kanuni'nin dev heykellerini Zigetvar sahralarına dikmiş ve temsilî türbeyi de Turgut Cansever'e restore ettirmişti. 1986 yılında Pecs'te yapılan Osmanlı Etütleri Kongresi'nde (Pécs (Almancası Fünfkirchen) Tarihçi Peçevi'nin şehridir ve oradaki cami kiliseye çevrilse de şekli muhafaza edilen ilginç bir yapıdır) kongreye katılan tarihçiler türbeyi ziyaret ettiler. Osmanlı edebiyat tarihçilerinin en renklilerinden olan divan şiirinin ünlü hizmetkârı Orhan Şaik Gökyay Hoca türbede Baki'nin mersiyesini okumuştur. İnsanlar o ünlü terennümü hâlâ unutamaz.

Bugünlerde Kanuni'nin kalbinin yeri hâlâ bilinmiyor diye bir haberi, İngiliz basınından (BBC) Nick Thorpe ortaya attı. Pecs ve İstanbul üniversiteleri gerçek mezarın, daha doğrusu iç aksamın gömüldüğü yeri birlikte araştırıyor. Bu gömüde boşaltılan iç aksamın içinde Kanuni Sultan Süleyman Han'ın kalbi de var mı, onu bilemeyiz. Malum olduğu üzere Kanuni Sultan Süleyman'ın cenazesi Mimar Sinan'ın elinden çıkan Süleymaniye'deki caminin avlusuna defnedildi. Hürrem Sultan'ın da mezarı oradadır ve en başta Ukrayna'dan gelen heyetlerin resmî ziyaretgâhı olmuştur.

Uygar milletler geçmişi inceler

Macaristan'ın içinde de ünlü Gyula Szeglü ekolünü takiben şiddetli anti-Türk ve Osmanlı karşıtı görüşler elan vardır ama tarih yazan milletlerden olan Macarların tarihi ciddi olarak inceleyen bilimsel kadroları ve ünlü Türkologları sayesinde Osmanlı tarihi başka türlü mütalaa edilir. Bu ülkeyi en satvetli zamanında fethederek güçlü Macar Krallığı'nı topraklarına katan Muhteşem Süleyman Han gibi bunu 1686'da elinde kılıcıyla savunan son Budin Valisi Abdurrahman Abdi Paşa'nın Puda Tepesi'nde askerî müze yanındaki mezarı da aynı şekilde onurlandırılır ve korunur. Macarlar tarihlerine başka bir gözle bakar ve olduğu gibi değerlendirir. Zigetvar ve Buda'daki iki mezar bunun göstergesidir. Uygar milletler geçmişi inceler. Yakasına sarılıp hesap sormak veya geçmişten intikam almak şüphesiz yakışıklı bir tavır değildir.

İRAN

Türkiye'nin komşuları, dünyanın en ilginç ve renkli halklarıdır; dinleri ve dilleri birbirinden çok farklıdır. Yan yana yaşayan iki, hatta üç halk tamamen ayrı gruptan diller konuşuyor; Irak Arapları, Türkler ve İranlılar gibi. Üç semavi dinin de çeşitli mezhepleri, bazen bir milleti üçe bölecek kadar yan yana... Araplar malum; hatta sayıca küçük bir halk sayılan Ermeniler, Hıristiyanlığın üç ayrı mezhebine mensup... Komşularımız içinde -İranlılar, Araplar, Yahudiler, Yunanlar gibi- birkaç bin yıldan beri yazıyı tanıyanlar var. Buna karşılık yine komşularımız içinde yazılı uygarlığa biz Türklerden daha geç geçenler var; Bulgarlar, Ruslar, Ukraynalılar gibi dillerini geç yazmaya başlayan ama beşeriyetin en iyi yazılı eserlerini döktürenler... Bu farklı kavimler iç içe bir uygarlığa sahipler. Birini tanımadan öbürünü betimlemek ve anlamak mümkün değil.

Türkiye halkının ana unsuru olan biz Türkler, bu yöreye en geç gelenleriz ve kısa sürede yerleşip yayılmışız ve dinimiz bir "lingua franca", yani ortak anlaşma dili olmuş. Tuna kıyılarına kadar yayılan bir kavmin çocuklarıyız. Bölge tarihi savaş ve askerliğin bir medeniyet hâline gelişinin hikâyesidir. Son üç asra kadar askerî teknoloji üstünlüğü bu bölgedeydi. Denizde İtalyanlar, karada Türkler... Bölgede savaşlar henüz sürüyor. Sözde barışın kurulduğu kesimlerde dahi, soğuk savaş veya gerilim havası var. Herkesin gözü Ortadoğu'dayken bir barut fıçısı daha infilak etti: Kafkasya. Peki, Balkanların çok dingin olduğunu kim söyleyebilir? Türkler daha çok uzun zaman askerî bir toplum olarak kalmak zorundadır. Bunların hepsi bir yana, bölgede asıl olan kültürlerarası savaştır ve bu sona erecek gibi değildir.

Ortadoğu coğrafyası, 11'inci yüzyıldan I. Cihan Harbi sonrasına kadar temelde Türklerin kontrolündeydi. 13'üncü yüzyıldan itibaren, önce İlhanlı Moğol, sonra Timurlular hâkimiyeti devrinde İran, Osmanlı'ya rakip çıktı. Bilhassa 16 ve 17'nci yüzyıllarda rekabet, savaş alanından uluslararası diplomasiye de taştı, 1683'te yaşanan başarısız Viyana Kuşatması'nda ve bunu izleyen yıllarda Osmanlıların karşısında Fransa bile ezelî Hıristiyan rakibi Almanya ile birleşti. Osmanlı ile ittifak yapan tek Hıristiyan devlet İsveç'ti; buna karşılık İran, karşımızdaki Hıristiyan lig ile müttefikti. Ortadoğu'da da tıpkı Avrupa'da olduğu gibi devlet menfaatleri dinî aidiyetin önüne geçmişti. Üstelik o zamanlar İran'ı saf Türk hanedanlar yönetiyordu, asker ve sivil bürokraside de Türklerin ağırlığı vardı. 18'inci yüzyılın dünyası çağdaş dünyadaki eğilimlerden farklı rüzgârlarla oluşmuştu, hatta İran'da 19'uncu yüzyılda da böyleydi. 19'uncu yüzyıl İran'ı bizimki gibi sancılı ve hızlı değişim geçirmedi; birçok değişikliği tehir etti ama aydın sınıfının Batı'ya açılması ve çağdaş eğitim görmesi babında bu söylenemez. Gelenekle Batı'yı iyi mezcettiler, yani kaynaştırdılar. Ortaya Batı dillerine ve kültürüne aşina ama kendi klasik mirasını da muhafaza eden bir okumuş sınıf çıktı. Bu keyfiyet molla sınıfı için de geçerlidir; Batı dillerini öğrenmek, Batı'da hukuk, hatta doğal bilimler eğitimi almak bu sınıf üyeleri arasında nadir rastlanan bir durum değildir. Ama bu etkili zümre bazı hâlde Fransız tütün rejisinin imtiyazlarını sarsacak tütün boykotu gibi hareketleri de örgütleyebiliyordu.

İran'ın mollaları ve laik zümresi arasındaki kavganın tarihini izlediğimizde aslında en azından bizim kadar mücadele edildiğini görürüz. Türkiye'de daha laik bir düzenin var olması başka kurumların ve devletin bağımsız güçlü etkisinin varlığında aranmalıdır. Çoğu sefer etnik çatışma diye görülür ama 1905'te meşrutiyet devrimi yapan Azerbaycan ve Hazar kıyısındaki Gilan halkı bu işleri Türk olarak değil, İranlı olarak yapmıştır.

İran'ın etnik yapısı renkli; Fars asıllı olanlar ülkenin merkezinde ve yüzde 50 civarında. Isfahan, Şiraz, Yezd gibi uygarlık merkezleri bu bölgede. İran halkını asıl bağlayan unsur Şii İslam ve tabii imparatorluk geleneğidir. Kuşkusuz azınlıklar, Sünni Türk ve Kürtler de var. İranlılık güçlü bir şemsiye; onu sadece resmî planda okullarda değil, yurtdışında bir kimlik olarak da kullanıyorlar. Çünkü Ariler ülkesi demek olan İran, bir ırkın ismi olmakla birlikte bu çok kapsayıcı bir ırk ve Farslardan çok başka kavim ve ırktan fatihlerin kullandığı bir isim...

İran'ın bizimkine eşit nüfusunun yarıdan çoğu şehirlere yığılmış durumda; Tahran, Meşhed, Isfahan, Tebriz, Şiraz milyonları barındırıyor. 1991 yılı rakamlarına göre, nüfusun üçte biri sanayide, bir o kadarı hizmet sektöründe ve daha az miktarı tarımda. İranlılar köylerinden kaçıyor. Sanayi üretimi bu göç eden nüfusu ememiyor ve yakın zamana kadar bizde olduğu gibi yavaş yavaş artan kronik bir enflasyon var.

İran rejimi değişiyor; bir müddettir belirli bir dünya görüşüne ve İslam cumhuriyetine sadık kalmak şartıyla seçimlere muhtelif zümre ve gruplar aday olarak katılıyor. Anayasa kurulu tarafından tespit ve tarif edilen aşırı uçların seçime girmesi mümkün değil. Ama son yıllarda hiç değilse sokaktaki insanlar ve bazı basın organları daha serbest konuşuyor. Esasen basın yayın organlarına az iltifat edilmesi, ülkenin telif ve tercüme kitap sayısını artırmıştır. Kitaplar muhtelif nedenlerle ucuz ve tercümeler bizdekinden daha kaliteli... Bu sahada Rusya ve İran çok benzeşiyor.

Ülke ihracatının her zaman için yüzde 75 ilâ 80'i petrol kalemlerinden oluşuyor. Geri kalan yüzde 20'lik miktar halı, konfeksiyon ürünleri, bazı değerli maden ve taşlar, havyar ve fıstık gibi zirai ürünlerden oluşuyor. Durum apaçık ortada; çeşitliliğe, farklılaşmaya ve yeni icatlara dayanan bir üretim yapısı yok. Petrol bir ülkede çeşitlilik ve üretimde farklılaşmayı engelleyen en önemli zenginlik; İran, hatta Rusya gibi sanayi geçmişi olan ülkeler bile bu fakirleştirici zenginliğin etkisi altındadır. "Petrol de petrol" diye sızlanan ucuzcu ve hayalperest vatandaşlarımızın bu gerçekten ne kadar haberdar olduğunu bilmek lazım. Bence eski eserlerin kalıntıları arasında hazine bulacağı ümidiyle dolaşan saf köylülerden farkımız yok. Zenginleşmek için çok şey öğrenmek, mucit olmak, farklı alanlarda yatırım yapmak, bir yerde -hiç küçümsemeyelim- bizim gibi dağları delip barajlar yapmayı bilmek lazım. Bu daha güvenli bir hayat temin etmek ve örgütlü bir toplum olabilmek için gereklidir.

Bizim İran'la iktisadi ilişkilerimiz hayati öneme ulaşmış değil, hatta bu büyük ülkenin dış ticaretinde kayda değer bir orana dahi ulaşamamıştır. Şimdi ümidimiz İran doğalgazının Türkiye üzerinden geçmesi ve İran'ın Türk yatırımcılara kapıyı açmasıdır. Bu atalete, bürokratik engeller ve manasızlıklar kadar iki ülkenin hâlâ birbirini tanımaması nedendir. Her yıl milyonlarca İranlı ülkemizden gelip geçiyor; bunların içinde sadece Türkiye'de tatil geçirenlerin sayısı henüz artmakta ve olumlu sonuçlar sağlayacağına şüphe yok. Bizim millet ise İran'a henüz uzanıyor ve kültürümüzün kaynağını tanımaya başlıyoruz. Aslında sorun daha derinde yatıyor, üretim ve tüketimin lezzetini almayan toplumlar; her zaman olmadık endişelerle iktisadi ve kültürel ilişkilerini kırparlar.

İran'la Türklerin kültürel ilişkileri İslamiyet'ten önceye uzanır; bizzat Türk Şamanizmiyle İran Zerdüştlüğü arasındaki ilişkiler tarih bilimini işgal eden bir konudur. Bu iki dil arasındaki kelime ve deyim alışverişi hayatın her safhasını kapsar. 7'nci yüzyılda İran İslamlaştıktan sonra, Türklerin İslam medeniyetine girişi daha çok bu öğretmenin rehberliğiyle oldu ve uzun bir zaman aldı. Arap harflerini İranlıların imlasıyla aldık. Dilimize giren kalabalık Arapça kelimeler Farsça üzerinden gelmiştir, imla ve anlam değişikliği itibarıyla Fars diline göre kullanılmıştır.

İran devlet ve toplum sistemi bütün eski imparatorluklara rehber olmuştur; İslam imparatorlukları, Bizans, yani Doğu Roma bunların başında gelir. Tabii ki bizi de etkilemiştir. Türklerin bu uzun dönem boyunca ordu ve askerlik sistemleri Türkçeyi ve Türk askerî sistemini muhafaza edebilmiştir. Buna karşılık, İran ismini Sasani dönemindeki İranşehr, yani İran ili tabirinden dirilten ve bu ülkeye İran ismini verenler Türkler oldu. Bu gibi emperyal tabirleri çok severiz. İran ülkesinin şehirlerinde iktisadi hayat Türk askerî örgütlenmesi sayesinde dirildi. Hatta ilk asırlardaki Arap etkisinin bile yerini İran Rönesans'ına terk etmesi Türk hâkimiyeti sayesinde olmuştur. Unutmayalım, ünlü şair Firdevsî gerçi *Şehname*'sinin malzemesini İran halkının sözlü edebiyat geleneği ve edebî hafızası sayesinde derleyebildi ama binlerce beyitlik bu ünlü İran destanı Farsçayı iyi bilmeyen Türk Sultanı Gazneli Mahmud'un sayesinde kaleme alındı ve insanlığın hafızasına nakşedildi.

Bilhassa Büyük Selçuklu döneminde İran'ın Zerdüşt dininden İslam'a geçişi çok hızlandı. 15'inci yüzyıl, büyük Timurlenk'in çocukları ve torunlarının İran'a hükmettiği devirdir. Söz konusu dönemde sanat ve ilimler görkemli bir düzeye çıktı. Osmanlı hayatının ve kültürünün kurucuları bu ülkeden aktı. Ardından Safevi hanedanı, Osmanlı İmparatorluğu'nun bu rakip kuvveti, Türk edebiyatının başta Şah İsmail Safevi olmak üzere divanda ve dergâhta, sarayda ve halk içinde en iyi örneklerin verildiği yer ve dönem oldu.

İran'da Türkçe ve Türk unsurunun ağırlığı hissediliyor, bunu kimse inkâr etmiyor. Ziyaret edilen abidelerin yanına konan açıklamalı levhalarda bile Türk sultanların, Türk ustaların etkilerinden söz ediliyor. İran bu bakımdan Balkan, hatta Arap ülkelerinden daha olgun bir zihniyete sahiptir. İran'daki Türk unsurun kalabalıklığı irredantist bir Türkçülüğün varlığı için neden değildir. Çünkü İran'ın Türk asıllı zümre ve oymakları; "İran, Gazneliler ve Selçukilerden beri bizim eserimizdir, onu biz kurduk ve büyüttük" diyorlar; İran milliyetçiliği ve kimliğini benimsiyorlar. Şurası bir gerçek; milyonlarca İranlı bu ülkeyi terk etse de, iktisadi vaziyeti parlak olmasa da, İran aydın ve okumuşları hem dış ülkelerde bizimkinden daha etkili bir diaspora teşkil etmiştir; hem de yurtiçinde yapılan neşriyat ve tercüme faaliyeti ve bazı araştırmalar bizimkinin önündedir. Çünkü İranlılık şuuru daha sağlam ve muhtevalı bir tarih ve edebiyat kültürüne dayanmaktadır.

İran sabırla dinleyen; uzun, tane tane konuşan insanların ülkesi... Tahran on beş milyonluk (bu tahmin İstanbul'un nüfusu gibi bir tahmin) gürültülü; güneşin altında yanan bir şehir... Ama hayat İstanbul'dan biraz daha düzenli işliyor. Mamafih İran, Ortaçağ'dan beri kendini değiştirmemiş şehirlere de sahip: Fars eyaletinin ortasındaki Yazd, Kerman; Tahran'ın güneyindeki Kaşhan. İslam dünyasının en güzel meydanı Isfahan'dadır. Isfahan uzak İtalyan sanatının etkilerini yansıtan bir şehir; Selçuklu ve Safevi sanatı yanında Rönesans etkileri dahi hissediliyor. Kazvin ve Isfahan'da hükümeti temsil eden binalar Âlî Kapı (Bâbıâlî) diye adlandırılır. Safevi dönemindeki Osmanlı rekabetini ama aynı zamanda İran'da dilin ve kültürün Türklüğünü taşıyan izler...

ISFAHAN, NISF-I CİHAN

Bir zamanlar Şark'ın en büyük şehriydi; kuşkusuz bu büyüklüğü Ortaçağ'ın teknik imkânları içinde tasavvur etmek lazım. Bazı tarihçilerin, özellikle İranlıların, 1250'deki Moğol istilasından önceki Isfahan'ın nüfusunu bir milyon olarak göstermesi tam bir ölçüsüzlüktür. Aynı ölçüsüzlüğü İstanbul ve Bağdat için de yaparlar. Bir milyonluk halkın yiyeceği hangi araçlarla gelecek; o kadar kişinin günlük kanalizasyona yığdığı atıklar hangi suyla temizlenecek, hesaplayan yok.

Şurası açıktır: Isfahan güzeldi ve her zaman güzel, sakinleri de -Allah yoldan çıkarmasın- her zaman şehirliydi, bugün de öyledir. Nitekim bir ara şehrin ortasına iş bilir belediyecilerin "Para kazanırız, hem de şan olur" diye dikmeye çalıştığı -gerçi bizimkilerle kıyaslanamaz- gökdelen, UNESCO'nun ve İran aydınlarının tepkisini çekti diye "yarı yıkık" duruyor. Onlar da açgözlü ama Isfahan'ın ortasında veya kenarında çürük diş gibi dikintiler yok. Oysa Bakü'nün iç şehrinde bir KGB şefinin yakın zamanlarda diktiği binaya bakılınca; bu gibi rezaletin sadece para hırsı ile izah edilmesi mümkün değil. Galiba bizim Türk kavminin estetik kıstaslarında önemli bir sapma var. İtalyanların Roma'yı, Siena'yı, Palermo'yu rezilane binalarla donatması gerekirdi. Demek ki, paranın önüne koydukları değerler var. İranlılar da şehirlerini seviyor. Sadece Isfahan değil; Yezd, Şiraz, Kaşhan ve her yerde bu görülebilir.

Isfahan'ı gezmek, İran'ın tarihini, medeniyetin bu ünlü kompartımanını öğrenmek demektir. Şehirde hâlen küçük bir Zerdüşti cemaati var, mabetlerini gezmek ve ibadetlerini izlemek mümkün. Şehrin ortasından geçen Zayende Nehri'nin öbür yakasında, Culfa'da Ermeni kiliseleri var. Isfahan'ın eski mahallelerinin ortasında Yahudi sinagogları bulunuyor ama Yahudilerin sayısı azalmış. Selçuklular devri, bütün haşmetiyle Cuma Camii'nde, Sarıvan denilen uzun minareyle Isfahan'da yaşıyor; fakat şehre zorlukla vize alıp gelen Avrupalı turist grupların yanında, İran'a vizesiz gelebilecek Türk gruplara hiç rastlanmıyor. Oysa sanırsınız ki, Isfahan'dan çıkmayacağız; Türkiye'de iddiaların aksine, milliyetçiliğin zayıf bir duygu olduğunu bu gibi durumlarda gözlemek mümkün. Prag'ı istila eden Alman kalabalıkların, iktisadi vaziyette çalkantılar olsa bile Anadolu ve Mısır'da Helenizmin izlerini arayan Yunan turist grupların ilgisini Türkler arasında göremeyiz.

"Isfahan, nısf-ı cihan", yani dünyanın yarısı denilmiş; İstanbul gibi kendisine hor davranılsa, Isfahan'da bu lafı doğrulayacak hiçbir şey kalmazdı. Oysa nehir üstündeki İtalyan Rönesans'ının etkilerini taşıyan Sisepol (33 kemerli köprü), Hacıpol gibi köprülerin tadını çıkaran Isfahanlıların şehirlerini ne kadar sevdikleri bellidir.

Bu arada biraz mahalle dedikodusu yapalım. Kahvelerdeki kalın duvarların içindeki pencere pervazlarına gençler, kızoğlan yerleşmiş nargile çekiyorlar. Artık el ele gezen gençleri görüyorsunuz; "Aşna fişne artmış değil, açığa çıktı" diyorlar. Ramazan ayının ilk günü birtakım restoranlarda oruç yiyenlerin sayısı da bir hayli kabarık gibidir.

Isfahan, 17'nci asırda düzenlenen Nakş-ı Cihan adlı ünlü meydanıyla bilinir. Şah Mescidi, Şeyh Lütfullah Mescidi yanında Bâbıâlî'nin daha Türkçesi olan "Âlî Kapu" denilen hükümet binası şehre bir hava veriyor. Isfahan güzel... Çölün kenarında zümrüt yeşili var. Bu bölgede su dikkatle kullanılıyor. Dünyanın derdi bir yana, kaçıncı sefer gidersem gideyim Isfahan beni büyülüyor.

Birçok yönüyle benim çocukluğumdaki hayata rastlıyorum. Özellikle İran taşrası öyle... Hayat dingin ve ihtiyaçlar sınırlı... Ama Tahran'da öyle olmadığı açıktır. Hayattan beklentiler artıyor ve değişiyor. Kılık kıyafetten çok pahalı olan cep telefonuna, binaların çatılarındaki çanak antenlerden dolu olan restoranlara kadar yaşanan hayatın ve özlenenin, şimdiki imkânlarla yetinemeyeceği açıktır. İran kitap okuyor, çeviriyor, yazıyor, basıyor; hem de yılda otuz bin kadar başlık (bizdekinin hemen hemen iki misli)... Bir kısmı telif olmak üzere çeviriler çok çeşitli ve mütercimler bizdeki gibi değil, ciddi. İran'ın seçkinleri iyi yetişmiştir; bizdekilerden farkı gözlerinin fazla dışarıda olmasıdır. Mamafih son yirmi yılda aynı eğilim bizde de başladı. On altı yaşında çocuklara hayatlarını dışarıda nasıl kuracaklarını öğretiyoruz.

Uzak Horasan'da, Nişabur'da Feridüddin Attar'la, Ömer Hayyam'ın mezarlarını ziyaret ediyoruz. Hiç ummayacağınız köylü kılıklı adamlar, küçük taşra memurları Hayyam'ın bir beytini okuyunca arkasını getiriyorlar. Tabii İran'dan haberi olmayan İranlılar da var. Ama birinciler daha kalabalık bir grup ve geçmişin İran edebiyatı ölümsüz dizeleriyle yaşayanların dilini zenginleştiriyor. Kaşarı şehrindeki fakir giyimli "Kültür Mirası (Miras-ı Ferheng)" memuru insanı hayrette bırakan bir belagat ve düzgünlükle konuşuyor. İran'da yolsuzluk yapanlar zümresi okkalı yolsuzluk yapıyor; ama geniş vatandaş kitleleri bizdeki gibi iş bitirici değil anlaşılan. "Köşedeki eski hamamı yıkalım, han dikelim, işi bitirelim", "Falan yerdeki mezar taşlarını okutalım, yazık değil mi, cahil kalsınlar" safhasına henüz ulaşamamışlar. Dedelerinin ortamında yaşıyorlar. Fars eyaletinin göbeğindeki Yezd'de herkes mahalle meclislerinde toplanıyor. Mahallenin küçük meydanının bir köşesinde, On Muharrem'deki şebih törenlerinde gezdirilen nahl (iri süslü, hurma ağacı şeklindedir) yatıyor. İnsanlar hüzünlü, ama tevekkül içinde... O arada hayatın güzellikleri ve geçmişin mirasıyla oyalanabiliyorlar. Televizyon seyredilmiyor, sohbet ediliyor veya kitap okunuyor. Tahran'da kitapçılar caddeler dolusu; mesela "Franco İspanya'sı, Büyük Petro Rusya'sı" üzerine cilt cilt tercümeler; basım ucuz, telif hakları dikkate alınmıyor. Yabancı kitaplar tekrar basılıyor. Sanayileşen Türkiye'nin aksine bir konumdalar... Farsça herkesin dili, herkes iyi konuşuyor ve okumuşlar iyi yazıyor. İran etnik sorunlardan muzdarip değil; bir imparatorluk havası var. Ama petrol dışında sanayi nasıl kurulacak ve gelişecek? Horasan, Mazenderan'ın bereketi bu koca ülkenin kurak bölgeleri yanında bir hiç... Bugünkü tarım ve sanayi, eski İran medeniyetlerinin ulaştığı saygınlığa ne zaman ulaşacak?

Yeryüzünün en eski ve büyük şehirleri burada ve aslında küçük yerleşmeler dâhil her biri tarihî eserlerle donanmış. Bu küçük yerleşmeler dâhil, ülkelerin her biri muhteşem eserlerle dolu... Bu küçük yerleşmeler fakirlik ve gelişememenin coğrafyasını da teşkil ettiğinden, ayrı bir zamana gidiyoruz. Gelişmemişliği illa olumsuz anlamda değerlendirmeyin. Avrupa'nın eski şehirlerinde olmayan bir yaşam, aile ve sülale düzeni hâlen bu şehirlere bir hava veriyor. Ortadoğu'nun tarihî kentlerini korumak güç ama bu nedenle aynı zamanda da kolay olmalı. İran'ın Yezd şehri, evvela sanayinin uğramamasından, sonra da mahalle ve sülale dokusunun bozulmamasından dolayı, geçmişi geleceğe taşımış. Tabii İranlı restoratör, mimar ve ustaların bizimkilerle mukayese kabul etmeyecek kadar işlerini bilmesinin bunda payı büyüktür.

Ortadoğu'nun tarihî kentlerinin ortak bir sorunu var; eski şehirler, yani tarihî dokunun en önemli kesimini barındıran merkez hızla gecekondulaşıyor. Ya eski sakinler fakirleşmiş ya da birtakım göçmenler burayı istila etmiş; ya binalar zamanın ihmaliyle çöküyor ya da şehirlerde bu yeni gelenlerin cebi biraz para gördükçe, binaların üstüne briket kat çıkılıyor, ondülinden sundurmalar ilave ediliyor, olur olmaz yerler şıklık olsun diye fayansla kaplatılıyor. Zavallı Vakıflar İdaresi ve Eski Eserler de bunlarla boğuşmaya çalışıyor. Bazen bu dediğim kurumlar, bu eski mahallelerin bir kesimini ele alıyor ve restore ediyor; ne var ki bu nadide binaların içine yerleşecek sınıflar, kentin çok uzak çevresinde, restore edilen bu gecekondu mahallesinden bihaber yaşıyor. Tek tek restore edilen bu binaların her birini bir resmî büro veya toplumsal kulüp olarak düzenlemek de mümkün değil. "Cihan'ın nısfı", yani "Dünyanın yarısı" olan Isfahan kentinin yarısı da bu arsız meskenleşme ile mücadele etmek zorunda; İran'ın gerçekten becerikli-üstat restoratör ve mimarları saçını başını yoluyor. Aklıma hemen Süleymaniye ve

Fatih semtlerinin etrafındaki oluşumlar geliyor; bu iki semtimizi toptan ele alıp düzenlemedikçe, her girişim kanseri aspirinle tedavi etmeye benzer.

Mescid-i Cuma; Selçuklu devrinin bu haşmetli yapısı, İran ve İslam tarihinin bütün safhalarını yansıtıyor. Restorasyonu çetin sorunlar içerdiğinden olacak, pek ilerleme görünmüyor. Şu sıralar bu büyük camiyi gezen grupların sayısı artıyor. Daha doğrusu, 1980'lerde burayı ıssız bir tarihî eser olarak geziyordunuz; şimdi ise başını kerhen örten kuzeyli hatunlar ve kocaları kültür turizmi yapıyor. Yaş ortalaması 50'nin üstünde... Birtakım konferans ve resmî toplantılar Isfahan'a yönlendirilmiş.

Bu seminer gruplarından birinde İran Dışişleri Bakan Yardımcısı ve eski Alman Cumhurbaşkanı Richard Weizsaecker de var. Weizsaecker camiyi gezen gruba mihmandarlık yapan mimarın bilgisinden ve ince mizahi üslubundan çok etkilenmiş; "Bir kusurları var, çok şey biliyorlar, hem de süzülmüş bir humor var" diyor. "Evet, çünkü iyi edebiyat ve şiir biliyorlar. Bu genç mimar, eminim ki, klasik İran şiirinden onlarca, hatta yüzlerce beyti ezbere bilir. Sizde dahi artık klasik edebiyatı bu kadar iyi bilenler azalmaya başladı. Bu parlak üslup ve mizah, o edebî bilginin eseridir" dedim. İranlılar, Batı'ya yöneldikleri kadar, dedelerinin mirasını da dağarcıklarında götürüyorlar. Sanayi ve zirai üretimi bizdekinden çok düşük olan bir ülkede, bütün Balkanlar ve Ortadoğu ile mukayese kabul etmeyecek bir aydın sınıfın varlığını başka türlü izah edemeyiz. Okumak, çizmek, şiir ve müzik, çöllerin, kayalıkların, yeşil vahaların ortasındaki bin yıllık şehirlere başka bir hava veriyor. Dahası insan bu ülkenin kültürel mirasının ayakta kalmasını ve insanlarının mutluluğunu içtenlikle istiyor.

Eğitim, mevcut kültürün gelecek nesillere aktarılması demek. Bu görevi sıra, tahta, harita, öğretmen ve müdürden oluşan bir manzaradan, yani okuldan beklemek saflıktır, yeterli değildir. Kültürel miras bir gönül alışverişidir. Büyükbabasını ve büyükannesini sevmeyen torunlar, torunlarına vaktinden ve cebinden fedakârlık yapmayan büyük ebeveynler mirası aktaramaz. Manasız bir çekirdek aile kültürü bütün dünyada kuşaklar arası uçurumu büyütüyor ve klasik kültür yeni kuşaklara aktarılamıyor. Doğrusu İran'ın siyasi rejimini pek dikkate almıyorum. O ülkelerde bir gelecek görüyorum, o da geçmişini her devirde, her rejimde, her istilada saklayabilmesinden ileri geliyor. Bir İran kültür dünyası vardır. Ferdusî'nin (Firdevsî) türbesine (Persepolis esintili bir mozole) pabuç çıkarıp giren uzak Tacikistan'ın aydınlarını hatırladım.

Hâlâ Ferdusî (on beyit bilmeyen Tacik ümmi cahil sayılıyor), hâlâ Hayyam, Sadi ve Hafız ezbere öğreniliyor; Sazıman-ı Bastan-ı İran (İran Kültür İdaresi) İran kültürünü koruyan tek organ değil, onu her sınıf ve bölge halkı koruyor. Sade İran'dakiler değil, okuma-yazma bilmez Afgan Peştunları, uzaktaki Pamir Tacikleri de onu ezbere bilir.

Tus'ta Ferdusî'nin mezarındayız. Çoluk çocuk herkes İran'ın millî şairini ziyaret ediyor. 10'uncu yüzyılın büyük şairi aliterasyonları ve sadeliğiyle, Fars dilinin müziğiyle mısralarını döktürürken; Batı Avrupa'nın henüz böyle bir düzeyden çok uzak olduğu belliydi. *Şehname*'yi ısmarlayan Gazneli Mahmud'dur. *Şehname*'de efsanevi hükümdar Feridun'un üç oğlundan en iyisi İrec'in soyundan gelen İranlılarla, kötü oğul Tur'un soyundan gelen Turanlıların (Türklerin) kavgaları destanın bitmez tükenmez malzemesi... Dahası var, Ferdusî (Firdevsî) Arapları da sevmiyor.

Ez şir-i şotur u hordeni sosmar
Arab ra becayi reside est kar
Ki tac-i kiyani konet arzu
Tufu ber tu ey ger dun-u felek tufu

(Deve sütü içip çekirge yiyen Arap, işi o raddeye getirdi ki, kayzer tacı giymek istiyor. Tüh sana ey feleğin çarkı!)

Arapçayı mümkün olduğunca az kullanıyor. Destanını derleyip kaleme alırken, Acem diye küçümsediği İran dilini dirilttiğini de fark etmiyor.

Biysi renc bordem der in sal-ı siy
Acem zinde kerdem bed in Parsi

(Otuz yılda çok zahmet çektim ve Fars dilinden Acemi dirilttim.)

Ferdusî uzun zaman İran milliyetçilerine önder oldu. Onu diğer şairlerden daha çok sevenler var. Kolay ezberlenen şiiri, bazen bir hükümdarın, bir rahibin, bazen bir köylünün saf diliyle kaleme alınmış ve asırların zihnine kazınmış.

İnsanlar değişiklik istiyor. Kadınların kılığı değişiyor. Çatıları çanak antenler kaplıyor. Türkiye televizyonu izleniyor. İran üniversitelerini Üçüncü Dünya üniversiteleri ile karşılaştıramayız. Talebe, dersi hazırlamayan hocayı, sınıfı boşaltarak protesto ediyor, kadın öğretim üyeleri de erkeklerden aşağı kalmıyor. Meşhed Firdevsî Üniversitesi'nde tarihçi meslektaşlarımızla oturup sohbet ediyoruz. Şikâyet konusu iki ülke arasında akademik ilişkilerin olmamasından dolayıdır. İran, tarihi ve diliyle istesek de istemesek de, sevsek de sevmesek de vazgeçemeyeceğimiz bir ülke, bizim binamızda payı olan malzeme...

İran eski bir medeniyet; o eski medeniyetin hoş, görkemli çizgileri kadar barok ve frapan yanları da var. Türk resmi, kültürü ve hatta dinî ritüeli, İran'a göre pek sade... Bunu görüyorsunuz. Ama bir tarihte Şiraz'da Hafız'ın kabrinde Yahya Kemal'in ünlü şiirini okuyanları İranlılar hayret ve şükranla alkışlamıştı. Haklı gerekçelere dayansa bile, kavimlerin arasında itişme değil, konuşma her zaman daha soylu bir davranış biçimidir. İranlılar, Türkiye'de yaşamaktan, İstanbul'da gezmekten ve eğlenmekten de memnundurlar. İran ülkesinde çok şeyler göreceğimiz ve seveceğimiz ortada... Vizeye lüzum yok. Gidip görmeli, sınırın ötesine geçsek katedeceğimiz her kilometrede tarihimizin ve coğrafyamızın derinliklerine nüfuz edeceğimiz açıktır.

Rejimler, idareler İran'ı fazla ilgilendirmemiş; gelene kendi dili ve şiiriyle karşı durmuş, bu silah etkin olmuş. Mağlup Yunanistan'ın galiplerini yenmesi misali, mağlup İran hep fatihlerini yenmiştir. Ortadoğu'da etrafı etkileyen iki kuvvet var: Dili, edebiyatı, felsefesiyle İran; askerlik ve bürokratik geleneği ile Türkiye. İran'da beynelmilel ölçülerde çok iyi yetişen, şu anda çoğu yurtdışında yaşayan bir aydın sınıfı da var. Bu iç içe yaşayan iki ülkenin birbirini tanıması, kültürel hafızasını tazelemesi gerekli.

Her yerde İran... Daskyleion'da da!

Daskyleion; Bandırma civarında, Kuş Gölü'nün kıyısında Hisarlık Tepe mevkiindeki bir harabe... Bu bölgedeki Frigyalıları (Hellespont Phrygiası) yöneten İran satrapının, yani valinin sarayı, satrapın avlandığı göl ve çevresine bakıyor. Kazı yerine yaklaştığımızda, daha sur duvarlarında İran örgüsü kendini tanıtıyor. Heyecanlanılmayacak gibi değil, uzak Orta Asya'da gördüğümüz İran sur örme teknikleri burada, Akdeniz çevresinde de karşımıza çıkıyor. Her yerde İran... Burada bulunan mühürlerden satraplık merkezinin Hisarlık Tepe'de olduğu Ekrem Akurgal'ın kazılarından anlaşılıyordu. 20 yıldır Tomris Bakır'ın yönettiği kazı alanına giriyoruz. Birçok dilin konuşulup yazıldığı, bulunan epigrafik malzemelerden, yani kitabelerden anlaşılıyor. Ahamenişler devrindeki Asya'ya hükmeden, Akdeniz'e uzanan Büyük İran İmparatorluğu'nun bir eyalet merkezi...

İran MÖ 5'inci asırdan itibaren Hindistan sınırlarından Orta Asya'ya; güneyde Suriye, Filistin ve Mısır'a; batıda bütün Küçük Asya'ya hükmediyor. Ahamenişler devrinin İran'ı bugünkülerin ceddi... Dili elbette geçirdiği evrim itibarıyla farklılaştı ama bugünkü Farsçanın atası olduğu kesin, hatta Yunanca ve Sami dillere göre çağımızdaki torunuyla ilgisi daha da güçlüdür. 2 bin yıldır pek değişmeden yaşayan tek istisna, İsa'nın doğumu sıralarındaki edebî ve dinî dilin olduğu gibi korunup zamanımıza aktarıldığı İbrancadır.

Geniş İran İmparatorluğu'nun merkezleri her köşeden başkent Şuşa'ya ve Persepolis'e kadar Roma devrinde olduğu gibi taş döşeli yollarla bağlıydı. Tabii bunu Romalılardan beş asır önce becermişlerdi. Hem de ne yol! Ankara civarında Gordion'da bir parçası var, Bandırma civarı Daskyleion'da daha başka bir mükemmel parça, bu imparatorlukta ulaşılamayan köşe yoktu.

İran İmparatorluğu'nun eyaletlerini satraplar yönetirdi. Doğudaki eyalet "Doğu" manasına gelen Horasan, batıdaki uç eyalet "İyonya" demek olan Yunanistan'dı. Dünyaya imparatorluk yönetmeyi, vergi koymayı, askerî denetim ve asayişi sağlamayı ve parlak imparatorluk protokolünü Eskiçağ ve Ortaçağ İran imparatorlukları öğretmiştir.

İran'ın törensel başkenti Persepolis, yaşanan ve oturulan bir başkent olmaktan çok, imparatorluk şaşaasının sergilendiği, milletlerinin temsilcilerinin ihtişamından çarpıldığı bir yapılar bütünüydü. Bütün dünyanın sanatları burada mezcedilmiştir. Sütun başlıklarında Hint, devasa sütunlarda Yunan-İyonik üslup, taht salonunda ve sayısız bölümlerde Mezopotamya ve Mısır'ın etkileri vardı ama buna rağmen her şey İran'dı. Hele milletler salonunda şahlar şahına hediyelerini getiren Lidyalı, Karyalı, İyonyalı, Kapadokyalı, Baktriyalı, Sogdiyanalı ve diğer temsilcilerin tasvir edildiği kabartmalar bir imparatorluğun şaşaasını bugün bile ziyaretçilerin yüzüne çarpar.

İran tarihinin her zaman yönetenler ve yönetilenler tarafından hissedildiği ve İranlıları yönlendirdiği açıktır. Uygarlık, tarih bilinci ve yaşanan tarihe bilinçli, bilgili bir saygıdır. Bu muhteşem sarayı İskender yaktı yıktı; hani doğuyu ve batıyı birleştirmek için sefere çıkmıştı. Bunun en güzel örneğini yok etmesi, iddialı önderin aşamayacağı bir ihtişama dayanamadığını gösterir.

Daskyleion kazılarında en çok göze çarpan bölüm bir Zerdüşti sunağı ve ibadet yeriydi. Oldukça iyi korunmuş ve kazı heyeti büyük dikkatle kazıyor. Belki yakın zamanda bu civarda bir "sessizlik kulesi" de bulunabilir. Bu kulelerde Zerdüşti cenazeleri yüksek bir katafalka bırakılırdı. Su, ateş ve toprak temiz ve mukaddes olduğundan; temiz olmayan cesedin yakılması, gömülmesi veya suya atılması caiz değildi. O nedenle vahşi kuşlar ile akbabaların cesedi parçalamalarına terk edilirdi. Prof. Dr. Tomris Bakır kazılarda bir hayli Pers steli (sunak) buldu. Yüksek bir sanatla karşı karşıyayız. Uzak İran'ın her köşesinde benzerini göreceğimiz eserler...

Anadolu toprakları çok bereketli, burada yaşayan milletler gibi burayı uzaktan idare edenlerin de kalıntıları var. İranlıların-ki Daskyleion gibi kazılarla ortaya çıkıyor, Roma kalıntılarına her köşede rastlanıyor. Güneydoğu Anadolu'da Mezopotamya kültürlerinin kalıntıları Sultantepe'de olduğu gibi Sümerce arşivler bulunuyor.

Ülkenin her köşesi eski dünyaya hayran olan insanları heyecanlandırıyor. Anadolu bir dünya; uzun tarihin ve geniş coğrafyanın en seçme örnekleri burada. 11'inci asırdan beri güzel ve zengin bir ülkeye sahip olduk. Gezip görmek lazımdır.

RUSYA

Türkler 13'üncü yüzyıla kadar Rusya'nın hafızasına, Poloveç, yani Kumanlar sayesinde kazınmıştır. 13'üncü yüzyıl başlarında kendilerine önderlik eden Tatar adlı bir Moğol kabilenin ardı sıra Asya havalisinin bütün Kıpçak Türk kabileleri Rusya'yı istila etti. Altınordu Hanlığı dedikleri devletlerinin hâkimiyeti iki yüzyıl kadar sürdü. Altınordu'yu asıl tepeleyen bir başka Türk cihangiri Timurlenk oldu. Parçalanan devletin izleyicileri olan Kazan ve Astrahan hanlıkları 16'ncı yüzyılda Rusya tarafından ilhak edildi. Üçüncü parça Kırım Hanlığı'ydı. 15'inci yüzyılda Osmanlı'ya tabi olması onun talihi oldu. İki yüzyıl daha çevreye hükmetti. Rusya'yla kavga etti; Polonya ve Litvanya gibi kendisiyle birlikte Avrupa sahnesinden silinecek devletlerle müşterek bir tarih yaşadı. 18'inci yüzyıl sonunda Rusya bütün Doğu Avrupa'nın hâkimiydi. Türkiye'yle hiç bitmeyen bir didişme onun tarihinin ana noktasıydı. Rusya'nın kardeş saydığı ve kurtarmaya niyetlendiği Güney Slavları Türkiye'nin uyruğuydu. Kırım, Kafkasya ve Orta Asya hanlıklarındaki Türk kavimler de Rusya'nın hâkimiyetine geçmişti. Osmanlı padişahı halifeydi ve Karadeniz'in kuzeyindeki Müslümanlar arasında padişah olarak anılarda yaşıyordu. Bütün Rusların çarı ise Slav milletlerin beklediği kurtarıcıydı, ama II. Aleksandr'ın orduları Bulgaristan'a girdiği an işin sihri kayboldu. Kurtarıcı ordunun subayları "Biz Bulgar köylülerini kurtardık ama bizim mujikleri kim kurtaracak?" diye mektup yazıyorlardı evlerine. Doğrusu Rusya'nın Türkleri de Batılılaşan Rusya sayesinde Batılılaşmaya başlamıştı. Bir tarafın köylüsü, öbür tarafın ise aydını kurtarılmaya muhtaç durumdaydı.

19'uncu yüzyılın son savaşı 1877-1878 Osmanlı-Rus Harbi oldu. Ruslar Ayastefanos, yani Yeşilköy'e kadar gelmişlerdi ama perişan durumdaydılar. Ordu hastalık ve kıtlıktan dökülüyordu. Bütün Avrupa karşılarına dikilmişti. Türk imparatorluğunu sevdiklerinden değil, Rusya'dan nefret ettiklerinden... Üstelik sevdikleri kardeşleri Bulgarlar, Başbakan Stanbulof'un kişiliğinde Alman-Avusturya blokuna yatıyor ve Rusya'yı hayal kırıklığına uğratıyordu. Dünya feministlerinin ünlülerinden ve sonraki Sovyetlerin büyükelçilerinden Bayan Aleksandra Kollontay Bulgaristan'daki Rusya komiserinin kızı olarak bu dönemin havasına hatıralarında yer veriyor. II. Abdülhamid gibi dünyayı son derece iyi kavrayan bir hükümdar ve onun kadar akıllı olmasa da Rus ruhuna inanan III. Aleksandr iki devlet için barış ve sanayi ve maariften daha hayırlı bir süreç olmadığını anladı. Balkanlarda Rus diplomatlar cirit atıyordu. Kafkasya ve Orta Asya'da da Osmanlı konsolosları... Her iki taraf da birbirinin pan-İslamizm ve pan-Slavizminden korkuyordu; iyisi mi barış yaşansındı.

20'nci yüzyılda kavga etmedik. 1920-1922 arası müşterek düşmanlara karşı bir ittifak dönemimiz var; tıpkı 18'inci yüzyıl sonunda Napolyon'a karşı birleşen Osmanlı İmparatorluğu ve Rusya'nın Yedi Adalar Cumhuriyeti'ni kurması gibi... Stalin devri ve II. Cihan Harbi sonrası Türkiye için bir kâbus oldu. NATO kurulduktan sonra da Rusya güneyindeki komşudan rahatsız oldu. Gerilime girmek, komşular için hiç hayırlı değildi. Rusya ve Türkiye, Avrupa ve Asya ile olduğundan ve olacağından daha tutarlı ortaklıkları bulunduğunu anladılar. Zaten asıl o dünyalar ile iyi geçinmek için birbirleri ile işbirliği yapmaları gerekiyor. Putin, bu yüzyılın büyük devlet adamı olduğunu gösterdi. Rusya tarihinin zeki adamlarından ama asıl önemlisi düzenli ve kariyerinin icaplarına bir Prusyalı gibi uymayı bilen nadir Ruslardandır. Karşısındaki Türkiye başbakanı da kim ne derse desin bu milletin önemli bir vasfına sahip; açıklık ve dostluk gördükçe derhâl anlıyor ve ona göre hareket ediyor. Putin Türkleri anladı, sade ve açık bir politika izliyor.

Bu yaklaşımlar ülkemizin Avrupa Birliği ve ABD karşısındaki konumunu güçlendirmektedir. Rusya ile müşterek iktisadi-yatımız yıldan yıla katlanarak gelişiyor. 1990'ların başında dahi kim derdi ki 10 milyar doları aşkın bir ticari akış söz konusu olacak. Rusya'nın merkezinde iş merkezleri kuruluyor. Tabii Odalar Birliği'nin başındakiler ve başbakanlığın bürokratları ananevi sarsaklıklardan birini daha gösteriyor; Türk-Rus işbirliğinin duayenlerinden biri olan Şarık Tara heyete ve ziyaretlere davet bile edilmemiş.

Burada bazı sorular ve sorunlar akla geliyor. Rusya-Türkiye kültürel işbirliği amatörce ve halk tipi gidiyor. Kurumlaşma noksan... Hâlâ hiçbir üniversitemizde Rusya tarihi, hukuku, dinî müesseseleri üzerinde çalışan, iktisadi-coğrafi etütler yapan kürsüler dahi yok. İstanbul'da Tarlabaşı Caddesi'nde kurulan İspanyolların Cervantes Kültür Merkezi'ne gıpta ile bakıyorum. Gençlerimiz, İspanyolca lisan kurslarını dolduruyor. Peki, Rusların Puşkin Enstitüsü nerede ve niçin Moskova'da Yunus Emre Türk Kültür Enstitüsü diye bir sempatik bina yok? Görülüyor ki karışık evlilikler, gençlerin gidip gelmesi, tercümelerin ve orijinal araştırmaların sayısını yeterince artırmıyor ve iki ülke birbirini el yordamı ile tanımaya devam ediyor.

Türkiye ve Rusya birbirlerini beş yüzyıldır tanıyor. Üç yüzyılı biraz aşkın bir süre boyunca da hep savaştılar. Bu 300 yılın son 86 yılı sulh dönemidir. Ama 1918'den beri gerçekten barış ve işbirliği yaşandığı gibi, aşırı gerilimli dönemler de olmuştur. Gerilim Stalin dönemine mahsustur. İlk zamanlarda birlikte sanayi tesisleri kurmaya kadar giden işbirliği kısa zamanda tehditkâr bir politikaya dönüştü. Soğuk Savaş dönemi dediğimiz 50 yıl boyunca Türk-Rus ilişkileri maalesef öbür NATO ülkelerine göre en yoğun şüphe ve kapalılık içinde sürdü ve bunun çok olumsuz sonuçları oldu. Rusların turisti değil, âlim ve uzmanları bile Türkiye'ye gelemezdi; hele Asya ve Volga cumhuriyetlerindeki Türk halkların Türkiye ile teması hiçbir şekilde mümkün değildi. İlişkilerin bu karanlık döneminde bu kavimlerin görüp dinleyebildikleri tek şair Nâzım Hikmet'ti. Kim ne derse desin onun Türkiye'yi Azerbaycan'a taşıdığı bir gerçektir. Sovyetlerin ilk dönemindeki ilişkilerden biri de heyetlerin ziyaretiydi. Varaşilov'un Ankara ziyareti Sovyet dünyasında unutulmaz tesirler bırakmıştır. Güya dans bilmediği için Cumhuriyet Balosu'nda bir hanımın dansa davetini reddetmek zorunda kalmış ve sıkıntısından, dönünce bütün Kızıl Ordu subaylarına dans öğrenmeleri emrini vermiş. Ziyaret sonrası Moskova'daki askerî arşivlerde bu emirname aranmalı.

Soğuk Savaş yıllarındaki gerilimli ve kapalı dönem; özellikle kültür, sanat ve bilim gibi huzur ve sıcak ilişkiler isteyen dallarda duraksamaya, hatta gerilemeye neden oldu. Maalesef bürokrasimizin ve en dışarıya açık kurum olan Dışişleri'nin de bu konuda olumsuz rolü oldu. Dönem içinde Amerikalılar ve diğer Avrupa ülkelerinin tarihçi ve Rusya uzmanları Rusya'da arşivlerde çalışmış, genç öğrenciler burslarla gidip Rusça öğrenmiş ve karşılıklı kültürel ilişkiler çerçevesinde Ruslar da oraya gitmişken, Türkiye kapılarını kapatmıştır. Bu kesinti yüzünden Sovyet Türkolojisi gereği gibi uzman yetiştiremezken, bizde de Rusya tarihi ve toplumuna dair hiçbir bilgi birikimi olmadı. Hatırlıyorum; Rus Dili Bölümü'nde öğretim görevlisi olan annem, ABD'nin çıkardığı "Amerika" adlı Rusça bir propaganda broşürünü okuturdu. Dil ve Tarih-Coğrafya Fakültesi gibi ilmî bir kurumda bile Rusya'dan yayın, hele süreli bir yayın getirtip okutmak çok tehlikeli ve memnuydu. Ancak, 1980'lerin sonunda bu makûs talih değişti. Bugün Rusya ile yoğun ilişkilerimiz var. Yüz binlerce insan karşılıklı gidip geliyor, her iki tarafta da çalışan ve ekmeğini kazananlar var. İki taraf da birbirinin dilini öğreniyor. Daha önemlisi yoğun bir evlilik trafiği göze çarpıyor. Ortaya Russo-Türk yeni bir nesil çıktı. Fakat patlama hâlindeki bu gelişmeleri ciddi bir planlama ve bilgi birikimi yönlendirmiyor, Rusya ve Türkiye yoğun endüstriyel ilişkiler içindeki iki toplum ama hâlâ Rusya, olur olmaz nedenlerle seyahat imkânlarını kısıtlıyor. Rusya vizesi son zamanlarda bu ülkede işi olan ve gidip gelenler için bir kâbus hâline gelmiştir. Rusya denetleyemediği Kafkasya'daki buhranın derin nedenlerini tespit edip etkili politikalar uygulayacağına suçlu arıyor. Bu, Şark devletlerinin yöneticilerine has bir tutumdur.

Putin, birçok Rus'un gözünde, eli sopalı bir yeni Büyük Petro'dur, bir kısmı için de aklı başında bir liderdir. Dizginleri ele aldığı anlaşılıyor ama acaba Rusya ilmî teknik bilgisini, doğal zenginliklerini akıllıca pazarlayabilecek midir? Cevap ortada; Rusya, herhangi bir Avrupa ülkesi kadar Avrupa medeniyet mirasında hisse sahibidir ama Avrupalılar onu aralarında görmek istemiyor. Bu konuda Türkiye ve Rusya ortak bir talebi paylaşıyor. Paylaştığımız olumlu özellikler de var. Bunların başında askerî yönden müşterek yaşanan savaşçı bir geçmişimiz var. İki ordu birbirini tanıyor, sıkıntılara tahammüllüdür, Batı Avrupa ordularından çok farklıdır. Bu, savunma kadar barışın tesisi için de önemli... Âdetlerimiz birbirine benziyor. İki toplumun birbirine öğreteceği şeyler var. Rusya ve Türkiye, her ne kadar bugünkü politikacılar idrak edemese de, geleceğin müttefiki gibi görünüyorlar. Bu nedenle bu iki ülke halkının ve aydınlarının birbirini tanıması ve daha sıkı ilişkilere girmesi gerekir. Üniversitelerimiz kuracakları çalışma grupları ve öğrenci kulüpleri aracılığıyla, sanatçılarımız ortak atölyeleriyle eser verip öğrenim görmelidir. Bazı bilim dallarında Türklerin iyi olduğu anlaşılıyor. Tiyatro, resim ve sahne sanatlarında Ruslardan hem teknik hem de disiplin açısından öğreneceğimiz çok şey var. İki toplumun ilişkilerinin geliştirilmesinde devletlerden çok yurttaş girişimlerinin etkili ve önemli olduğunu unutmayalım.

Sovyetler Birliği Yüksek Şura Presidium'u, yani Devlet Başkanı Podgorny'nin yaptığı ziyaret, Türkiye ve Sovyetler arasındaki soğuk harbin ısınma dönemi için önemli bir başlangıçtır.

Kruşçev döneminde başlayan sınırlı ilişkiler giderek artıyordu. Asıl önemlisi Türkiye sanayileşme hamlesine Rusya'yı kattı. O yıllarda ortalarda başka sloganlar dolaşıyordu ama Doğu Avrupa devletlerine ait dokümanlar okundukça Amerikancı denilen hükümetin Sovyetler ile ustalıklı ilişkiler çerçevesine girdiği görülmektedir. Demirel hükümeti, mazideki İnönücü politikalardan daha açık bir Sovyet dostluğu güdüyordu. Soğuk Savaş'ta Stalinist Rusya'nın küstahlığına İnönü rejiminin aşırı infiratçılıkla cevap vermesi, iki komşu ülkeyi uzak dünyalara itmişti. Demokrat Parti devrinde de bu politika aynı bağnazlıkla devam ettirildi. En tatsız netice de bilimsel ve kültürel ilişkilerin tamamen kopmasıydı. Bu konuda diğer NATO üyesi devletlerin ilmî kurumları ilişkileri götürürken Türkiye bürokrasisi kepenkleri kapatmıştı. Oysa Sovyetler Birliği ve buradaki Türk halklarla ilişkileri muhafaza etme konusunda Türkiye daha ustalıklı bir politika izleyebilirdi. Maalesef Türk politikasını, özellikle de dış politikayı yönlendirenler, "Neme lazım, hiç bulaşmayalım" gibi sözde vatansever ama esasta tembel düsturlarla bu defteri kapattılar.

Bu tip bir politika, günün icabatından değil, zihinsel ve örgütsel tembellikten ileri gelir. Nitekim Dışişleri bürokrasisi mazide tutarsız gerekçelerle ünlü petro-milyarder Carlos Gülbenkyan'ın bize devredeceği o canım koleksiyona da iltifat etmemiş ve sonunda Gülbenkyan Müzesi, Lizbon'da kurulmuştur. Türkiye'de onlarca yıl Rusya araştırmaları dumura uğradı; Rusya'da da Osmanlı-Türk tarihi ile uğraşanlar buralara gelip uzun boylu araştırmalar yapamadılar, yayın mübadelesi bile sınırlı kaldı.

Sovyetlerin dağıldığı günlerde Rusya'nın en hayati ihtiyacı güvenlikti. Devlet otoritesi sokak çeteleri ve mafyanın eline düşmüştü ve halk 1612 yılındaki Polonya işgalini takip eden döneme izafeten Smutnoye Vremya, yani fetret devrinden söz ediyordu. Bu dönem geçiyor, asıl önemlisi yok olan ümitler geri gelmiştir. Putin, içte ve dışta Rusya'nın itibarını iade etme yolunda önemli adımlar atmıştır. Kendini güçlü devlet adamı olarak ispat ettiği ve Rus halkının saygısını kazandığı açıktır.

Yeni Rusya, henüz çöken eski sanayiini yenilemek, kıymetli bilim adamlarının ve teknisyenlerinin araştırma bulgularını sanayi üretimine sunmak gibi bir başarıdan uzaktır. Eğer Bilimler Akademisi'nin eczacılık, biyokimya gibi dallardaki buluşları sanayiye dökülebilse, bu dahi tek başına Rusya'nın makûs talihini yenmekte yardımcı olurdu. Oysa ortada bir hantallık var; tembel ve mürtekip bürokrasi hâlâ engelleyici rol oynuyor ve Rusya âdeta üçüncü dünya ülkesi gibi temelde petrol ve gaza dayanarak yaşıyor. Dönüşüm güç olacağa benziyor ve demokratik değil, otoriter yöntemlerle sağlanacaktır. Başkanın ve kadrolarının dinamik girişimleri bazı hâlde utanmazca, bazı hâlde beklenir tepkilerle karşılaşıyor. Her şeye rağmen Batılı iş çevreleri Rusya'da iş görmekte bizimkiler kadar istekli ve başarılı değil. Bir kaderi paylaşıyoruz.

19'uncu asırda birbirine karşı modern ordular besleyen iki hantal imparatorluktuk. Araştırmalar gösteriyor ki, Rusya'nın Müslüman ve Türk halkları arasındaki Osmanlı faaliyeti, Romanovların Balkanlardaki kışkırtıcılığının pek gerisinde kalmıyordu. Renkli rüyaların dışında bu politikaları besleyen ve kışkırtan sanayi ve ticaret her iki ülkede de yoktu. Bugün bu iki ülkenin ticaret hacmi Sovyetler dönemine nazaran dahi birkaç misline katlanmış olup iki halkın hayatı birbiri ile iç içe geçmiştir. Türkiye ve Rusya'da yaşayan Ruslar ve Türklerin sayısı rekor düzeydedir, evlilikler artmıştır, asıl önemlisi iki tarafın gençleri günden güne karşılıklı olarak üniversitelerde okumaktadır. Başkan Putin ve bizim devlet adamlarımız iki tarafın dostça yaşamaya mahkûm olduğunu biliyor, hatta ilişki ve ittifakımızı daha fazla geliştirmek söz konusudur. Bu ziyareti izlemesi gereken iktisadi, sınai ve kültürel alanlardaki işlerliği artıracak çalışmalar ve projelerdir.

Dukalığın Başkenti, Vladimir

Moskova'nın 180 km kuzeybatısındaki Vladimir şehrindeyiz. Vladimirza Lesie "orman ardındaki Vladimir" demektir. Altınordu fütuhatı sırasında Rus Devleti yaşamak için kuzeybatıdaki ormanlık ötesine sığınmıştı; çünkü Altınordu Devleti'nin askerleri, yani Rusların tabiriyle Moğol-Tatarlar, ormanlık alana nüfuz edemiyorlardı. Bu Kıpçak Türkleri ve az miktardaki Tatar şiddeti karşısında Rusların güvenliğini ormanlık alan sağlıyordu. Orman, o zamanki Rus'un güvenliğiydi, yiyecek deposuydu, yaşadığı alandı. Edebiyatı ve inancı bile ormana göre şekillenmişti. En büyük cin, orman cini olan Lesovik'ti. Abarota gibi ağaçtan ağaca, taştan kayaya şekil değiştiren şiddetli cinler de vardı. Vodanei en korkulan su ciniydi. Rus masalları hep ormanda geçerdi. Rus edebiyatı 19'uncu yüzyılda Turgenyev gibi bir dehanın kaleminde de ormandan vazgeçemedi. O büyük yazar ve düşünürün dil ve tasvirlerinde orman başlıca yardımcıdır ve tıpkı ecdadımız gibi Türk edebiyatçıları da Turgenyev'in ormanına nüfuz edememişlerdir. Ünlü çevirmenimiz Hasan Ali Ediz'in dâhi Turgenyev çevirisinde bariz yanlışlar vardır.

Tarihî büyük Rusya'nın kurulduğu Vladimir, Büyük Knezliği'nin, yani dukalığının başkentiydi. Kaderin cilvesi, 30 km ötedeki, bugün bir köy olan Suzdal Dukalığı ile birleşince Vladimir-Suzdal Büyük Knezliği ortaya çıktı ve bu olay bildiğimiz Moskova Rusya'sının tarihî uvertürü sayılıyor. Vladimir, 19'uncu yüzyılda sakin bir vilayetin merkeziydi ve 19'uncu yüzyıldaki şehir daha da ilginç görünüyor. Katedral, vilayet binası ve 1907'de yapılan Pedagoji Enstitüsü, yani öğretmen okulu, Rusya'nın Neo-Rönesans üslubundaki küçük binalarından oluşan bir ana cadde; Rusya'nın modernleştiği, merkezileştiği bu dönem daha mütevazı çizgilere sahip Osmanlı taşrasına benzemektedir. 19'uncu yüzyılda Rusya Çarlığı ve Osmanlı İmparatorluğu bir iddiayı ve dirilmeyi temsil eder; daha başarılı olsa dahi Rusya da Osmanlı toplumu gibi Batılılaşmanın sancılarını çekmekteydi. Nitekim bu bölgede de 17'nci yüzyılın kilise reformlarına direnen eski inanç sahibi mezhep mensupları bolca yaşıyormuş.

Her şeye rağmen her iki imparatorluğun da 19'uncu yüzyıl Batı Avrupası ile arasındaki mesafe açılmaktaydı. Bütün siyasi çalkantıların, ihtilalci düşünce ve darbelerin nedeni buydu. Ne var ki Türkiye'de devlet hem kitlelerin hem seçkinlerin gözünde daha kutsal telakki edildiğinden toplum büyük değişiklikler geçirmeye zorlanmamıştır. Kaide-i tedriç, yani yavaş değişme kuralı imparatorluktan cumhuriyete Türk toplumunun düsturuydu. Son 90 yılda Rusya'nın izolasyonu, Türkiye'nin ise Batı'ya yanaşması farklı sonuçlar doğurdu. Bugün, bu dönemin sonunda eski konumları değişik iki ülke vardır. Ama ne olursa olsun yakınlaşma daha da kaçınılmaz ve daha da yararlı hâle gelmiştir.

Ticari işlem hacmimiz son bir yılda 7 milyar dolardan 9 milyar dolara ulaşmış. Rus toplumu Türkiye'yi en sağlam yolla, turizm ile öğreniyor. Türkler de Rusya'yı her ne kadar sayısı düşük olsa da aynı yöntemle tanıyor. Türkiye ve Rusya hem Doğu'nun ama daha çok Batı'nın ihtiyatla yanaştığı ve zaman zaman dışladığı iki ülkedir. Bu nedenle birbirlerine yanaşmak zorundalar. Ortadoğu ve Kafkasya bölgesindeki gerilimlerin sonuçları ve molozları istesek de istemesek de iki ülkenin etrafına gelip yığılıyor. Türkiye mazide Ortadoğu bölgesinde şahsiyetli ve etkin bir politika izlemedi, izleyemezdi de. Rusya ise Sovyetler döneminde gerçekçiliğin ve ihtiyacının ötesinde daha etkin bir politika izledi, düpedüz ABD'nin rakibiydi. Bu politika ona çok pahalıya mal oldu, zaten bu pahalı politika yüzünden Ortadoğu'ya Sovyet Rusya'nın beyaz fili deniyordu. İlerici Arap rejimlerine yapılan yardımlar, çoğu boşa giden askerî ve iktisadi masraflar Rusya'nın sosyalist ekonomisi için bir yüktü. Arap yönetici çevrelerin içindeyse Enver Sedat gibi Rusya'ya hoşnutsuzluk ve kırgınlıkla bakan bir zümre doğdu. Bu tavırda haklılık kadar çocuksu bir yön de vardı. Yeni dönemde Rusya bu politikasını süratle terk etti, bu yüzden daha ihtiyatlı hareket ediyor. Kafkasya'da ise Türkiye'yi sert ve mesnetsiz bir biçimde suçlamaktan vazgeçmesi gerekiyor. Galiba Rusya'nın uyanık diplomatları bu konuda hitabet tonlarını alçaltma gereğini hissettiler. Diğer önemli sorun ise Boğazların petrol trafiğine ne derecede dayanabileceğidir. Tabii ki dayanması mümkün değildir. Bu konuda da fazla ısrar edilemez.

Asıl önemlisi; demokratik reformlarını kendi toplumlarının talebi ve ihtiyacı doğrultusunda götürmeye kararlı iki toplumun varlığı söz konusudur. Batı Avrupa'nın Türkiye ve Rusya üzerindeki yer yer haklı, yer yer mesnetsiz, âdeta isteriye dönüşen tenkit ve değiştirme talepleri eminiz ki iki toplumu bu konuda da ortak harekete zorlayacaktır. Bu safha ve kültürel ilişkilerin geliştirilmesi projesi şimdilik ilişkilerin en az kaale alınan yönüdür.

MOSKOVA

Rusya'da ne değişiyor? Birtakım rakamlara bakarsak Rusya petrol satan ve sarsıntıyı atlatan bir ülkedir. Yerel olaylara bakarsanız taşrada hâlâ fakirlikten ileri gelen asayiş bozukluğu ve bütün Rusya'da ilgi çeken gençlik grupları ortaya çıkıyor. Rus dazlakları Hitler'in Nazi bayrağının ortasına aynı renkte orak-çekiç motifi koyuyorlar, Yahudi ve yabancı düşmanlıkları had safhada. Kremlin'in önündeki Manej'de açılan bir fotoğraf sergisinde bu gruplar için manidar bir soru yer alıyor: "Kim bunlar?" Belli ki toplumun çalkantısı henüz devam ediyor.

Moskova ise her gidişte değişen bir şehir ve bu değişiklikte yükselen Türk sermayesinin rolü göze çarpıyor. Türk inşaat mühendisliğinin bizim şehirlerimizden esirgediği zevkli gökdelenler ve binalar Moskova semalarını kaplıyor ve bunların inşaatları yüksek teknolojinin eseridir. Rusya'nın bürokratları bu gibi inşaatları kontrol ederken, hediye ve hürmet akçesi almayı ihmal etmeseler de özellikle yangın tedbirleri ve çevre koruma kurallarının uygulamasından hiç taviz vermezlermiş. Müzeler ve sergiler canlanıyor ve konser salonlarında Rusya'nın entelektüel çevrelerinin kokusu geziniyor. Sokaklarda dilenen ihtiyarlar pek kalmadı, ölmüşler. Rusya zaten nüfus kaybediyor, son 15 yılda toplam nüfus 8 milyon azaldı. Sokaklarda hamile kadın görmek imkânsızdır. Üstelik üçüncü dünya ülkeleri gibi nüfus ihraç ediyorlar. Kanada'nın, ABD'nin cin bilgisayarcıları Rusya'dan gitme; daha ilginci bankacılık sektörünün gözdeleri de genç Ruslardan oluşuyor. Şimdilik Rusya'nın makbul uzmanları, bankacı bürokratlar, yakında bilim adamlarının, Bilimler Akademisi'ndeki uzmanların da bu kategoriye girmesi temenni edilir ama şimdilik yaşam şartları iç açıcı değil. Türk ve Rus evliliklerinin sayısının 60 bini geçtiği söylendi. Beraber yaşayanlar bunun birkaç misliymiş. Evlilikler hadisesiz devam ediyor.

Rusya petrol gelirleriyle belini doğrulttu. Ama Bilimler Akademisi'nin raflarında bekleyen araştırma sonuçlarının onda biri sanayiye ve yatırımlara aktarılabilse, yaratılacak zenginliğin petrol gelirlerini 10'a katlayacağına şüphe yok deniyor. Petrolden yaşamak sadece Ortadoğu'yu değil, Rusya'yı dahi atıl hâle getiriyor. Ama şurası bir gerçek: 13 milyonluk Moskova, 5 milyonluk St. Petersburg, Volga kıyısındaki 2 milyonluk Nijni Novgrad gittikçe değişen ve Rusya'nın zenginliğini çeken şehirler.

Moskova bütün zenginliklerin yüzde 70'ini elinde tutuyor deniyor. Lomonozov Devlet Üniversitesi yenilenmiş. Restorasyonu yapan şirket Ali İhsan Ahıskalı'nındır. Üniversitenin ünlü Tatyana Kilisesi de restore edilmiş. Bu kadar değişiklik ruhlara da yansıyor. Bezgin ve ürkek talebenin daha çalışkan ve rekabetçi olduğunu anlamak için fazla gayrete lüzum yok.

Rusya gençliği rekabetçiliği kabul etmiş. Bu tavrın alkol ve sigara tüketimlerine kadar yansıdığı görülüyor. Rusya taşrası ise

21'inci yüzyılın endüstriyel dünyasında görülemeyecek kadar büyük şehirlerden farklı bir hayatı, yani bildiğiniz fakirliği sürdürüyor diyorlar. Bölgesel ve sınıfsal eşitsizlik herkesi yaralar ama bu trajedi bazı hâlde yaratıcılığı teşvik ediyor.

Öte yandan kültürel hayatın öncüleri yeni Rusya'yı canlandırırken bazı münasebetsizlikler de yok değil. Mesela, bildiğimiz Bolşoy Tiyatrosu uzun bir restorasyon dönemine girdi. Yanı başındaki minik bir tiyatro Bolşoy'un görevlerini yürütüyor. Burada sahnelenen, Çaykovski'nin bestelediği Puşkin'in ünlü eseri "Yevgeni Onegin" operasını izlemeye gidiyorsunuz. Perde açıldığında karşınızda Rusya taşrasındaki bir toprak sahibinin özgün evi değil, bir Teksas çiftliğinin yemek salonu var. Daha beteri devam ediyor; genç kız Tatyana, Yevgeni Onegin tarafından reddedilince garip kâbuslar görüyor. Eserle ve çizilen karakterle alakası olmayan bir Tatyana bu. Bir tür Amerikanizm özentisi, tuhaf bir psikanaliz...

Değişim ve dışarıya açılma her zaman o kadar renkli ve kolay olmaz. Rusya, Rusya'dır; Moskova da Moskova. Her ikisi de er geç yolunu bulur. Yalpalama olsa da anane her zaman galip gelir.

İSKOÇYA

Britanya Dışişleri bürokrasisinin nispeten eski bir âdeti vardır; Türkçeye tatlı dil olarak çevrilen "sweet talk", şayet bir ülkeyle olan sorunları çözmek gerekiyorsa veya sorun yoksa bile kurulu ilişkiler düzenini devam ettirmek için o ülkenin resmî, yarı resmî ve serbest meslek mensuplarının önde gelenlerini bir araya getirmek ve Britanya'daki muadili zevatla tartışmalarını örgütler. İlk başta pek beyhude gibi görünen bu yöntemin kısa zamanda ne kadar faydalı bir bilgi birikimi sağladığı ve resmî konferans ve antlaşmalar öncesi sorunların çözümü veya masaya yatırılmasında ne kadar yol alındığını sağladığı görülür.

Britanya'nın birtakım enstitü ve grupları basın mensuplarını özellikle toplantılara alır (Chatham House gibi) ama konuşulanların yazılmaması şartını korurlar. Tabii ki konuşulanlar doğrudan yazılmaz ama o gazeteciler ileride bu konuda donanımlı olduğu için nice ulaşılmaz haber ve bilgileri daha kolay elde ederler ve herkesin bildiği gibi Britanya basını en çarpıcı haberleri yapar.

Türkiye ve Britanya arasında Tatlı Dil Forumu birkaç zamandır her sene yapılıyor. 2013'te, İskoçya'nın başkenti

Edinburgh'da yapıldı. Türk tarafının değnekçisi eski Dışişleri Bakanımız Büyükelçi Yaşar Yakış ve Britanyalı ev sahibi ise eski Dışişleri Bakanı Jack Straw'du. İlk gece İngiltere kraliçesinin İskoçya tacı sahibi olarak her yıl gelip en az bir hafta kaldığı Holyrood Palace'ta bir yemek verildi. Forum günleri boyunca Türkiye Cumhurbaşkanı Sayın Abdullah Gül ve Hayrünnisa Hanım'ın katıldığı bu forum şerefine geleneksel İskoç alayı bandosu sık sık dinlendi. Toplantıdaki tartışmalar ve kısa sunumlar ilginçti.

Toplantıda görülen o ki Britanya sanayii bazı dallarda 1970'ler ve 80'lerde girdiği buhranı yüksek teknolojiyi benimseyerek atlatmış. Bazı alanlarda ise tıkanma içinde... Ülkedeki başlıca altı sanayi dalından otomobil sanayii kendini yüksek teknolojiyle kurtaranların başında geliyor. Sinema sanayii yine gelişmiş vaziyette, İngiliz eğitimi bütün Avrupa'nın en iyisi olmaya devam ediyor.

Bu yüzden bütün Doğu Avrupa'nın, Hindistan'ın, hatta Orta ve Batı Avrupa'nın seçkin gençleri orada eğitim görüyor ve sonrasında da hayatını burada devam ettiriyor. Bu, zenginleşme için garanti bir yoldur.

Hiç kuşkusuz ki aynı göçmen kalabalığının olumsuz bir kesimi de var. İngiltere'de yerleşmeye karar veren ve bu ülkenin azınlıkları arasında yer alan Türk gruplar küçük bir seçkin zümreye sahip olmasına rağmen en problemli kesim durumunda... Sefaletin yayılması genel bir olay değil ama bazı olumsuz gelişmeler var; evsiz çocukların sayısı artmış, mesela basın, Yorkshire'da 700 sahipsiz çocuğun yatak sahibi olmadan birtakım sığınma evlerinde Noel'i karşılayacağını yazıyor. Asıl önemlisi, ülkede nitelikli iş gücü içinde yabancıların oranı yüzde

20'ye çıkmış. Britanya'nın yerli ahalisinin eğitimi ve yetişme gücü gittikçe düşüyor. Fakirliğin göstergesi olan obezite oranı sokaklarda bile görülüyor. Ama öte yandan Britanya üniversiteleri hâlen en mükemmeli, sanat hareketleri ve moda önde gidiyor. Londra çok çekici ve Edinburgh hem eski hem güzel hem de temiz bir başkent...

İskoçya İskoçluğunu güneydeki İngiltere'den daha çok koruyor deniyor. Kuzeyde çıkan petrol ülkenin bu kesimine yararlı oluyor mu? Tartışma burada. İskoçya işçi sınıfı ayrılma taraftarı gibi görünüyor. Sosyalist başbakan da bu grubun içinde ama ekseriyet birlikte kalma taraftarı... Herkesin hemfikir olduğu nokta ise gelir dağılımındaki çarpıklık ve sınıflar arası uçurumun büyümesidir. Bu temel sorunun her hâlükârda çözülmesi gerekir.

70'li yıllarda İngiltere en problemli Avrupa ülkesiydi. Bugün ise İngiltere, Batı Avrupa ülkelerinin en hoş ve çekici olanıdır. Dış politikayı götüren diplomatlar ise hâlen en seçkin meslek grubunu teşkil ederler. Yakın zamana kadar Türk Dışişleri İngiliz meslektaşlarıyla aynı kulvarda koşabilecek durumdaydı. Son gelişmelerden sonra bu camia konumunu koruyacak mı, tartışılır.

Britanya'daki doğal çevre, kim ne derse desin mazideki hoyratlıklara rağmen bugün İtalya ile birlikte en iyi korunanıdır. İtalya ve İngiltere'de demiryolunu kullanmak, hele ücra karayollarından geçmek bir keyif... Küçük şehirlerin birçoğu keyifle gezilip tadına varılacak yerler ve hem İskoçlar hem İngilizler taşrada daha kibar ve yardımcılar. İskoçya tabiatının güzelliği Glasgow ve Aberdeen gibi şehirlerin çekiciliği ve ananeye dayanan özgünlüğü ile tamamlanıyor. Bu taşra şehirlerinde eğitim kurumları hâlen bütün Avrupa'nın en iyi filozoflarını, edebiyat araştırması yapan uzmanlarını ve tarihçilerini barındırıyor. Bu ülkede kitapçı gezmek dünyanın en zevkli meşgalesidir. Nihayet Güney İngiltere'de ruhani merkez olan Canterbury, küçüklüğüyle ters orantılı bir zenginlik ve kültür birikimini sergiliyor. Bütün İngiltere ve İskoçya hâlen tiyatrosuyla, operasıyla ve müzikli holleriyle güzel dilin ve kaliteli müziğin sunulduğu yerlerdir.

Britanya, Fransa ve Almanya Avrupa Birliği'ne doğru yürüdüğünde kıyıya itilmişti. Bugün ise halk 2017 yılındaki referandumu tartışmaya başladı. Bu ülke Avrupa Birliği'nde kalacak mı ve hangi şartlarda kalacak? Danimarka ve hele Çek Cumhuriyeti gibi ülkeler kendisiyle birlikte hareket ediyor. Galiba Türkiye için de para birliğinden kesinlikle uzak durmak ve Avrupa Birliği'nin partizan üyesi olmaktan kaçınmak en iyi seçenek olarak görülüyor.

FİNLANDİYA

AK ZAMBAKLAR ÜLKESİ'NDE...

2014 Nisan'ının ilk haftasını Finlandiya'da geçirdim. Helsinki Üniversitesi'nde bir konferans vermem için üniversite ve Türkiye Büyükelçiliği'nin işbirliği ile gerçekleşen bir davetti bu. Helsinki'deki büyükelçimiz Adnan Başağa ile doğrusu çok faydalı bir fikir alışverişinde bulunduk. Dışişleri Bakanlığımız hâlen okuyan ve gelişmeleri takip eden memurlara sahip... Ümit ederim, kadro değiştirme merakı bu bakanlıktaki istisnai durumu tersine çevirmez.

20'nci yüzyıl başlarında Grigory Spiridinoviç Petrov, Rus halkını en çok etkileyen hatip ve yazarlardan biriydi. En ünlü eseri o zamanki Rusya'nın otonom Finlandiya Büyükdukalığı'nı anlatan *Ak Zambaklar Ülkesi*'dir. Finlandiya sonradan, yani 1917 Devrimi'nden sonra kurtuluş ve kuruluş mücadelesini verdi ve Mareşal Mannerheim'in öncülüğünde bağımsız bir ülke oldu. Bir kilise papazı ve liberal düşünceli bir filozof olan Petrov'un bu eseri Balkan ülkeleri arasında, Rusya'da ve tercüme edildikten sonra Türkiye'de en çok okunan eserlerdendir. Etkili oluşunun nedeni, dirilen bir ülkenin mücadelesini anlatmasıdır.

Finlandiya kooperatifler ülkesidir. Bu kooperatifler ülkesi bugün kurallı bir kapitalizm ülkesine dönüştü. Kooperatifler ithal edilen ucuz mamulâtın, pahalı yerli ürünler rekabet edebilsin diye, pazara yüksek fiyatla sürülmesinin nedenidir. Bu nedenle Finlandiya pahalı bir ülkedir. İnsanlar tembel ve disiplinsiz değil; fakat çalışma normları da belli, dolayısıyla emeğin istismar edildiği ülkelerden gelenler Finlileri ağır ve tembel bulur.

5 milyon 200 binlik nüfusun içinde tabii ki yabancılar var. Ama bütün İskandinav ülkeleri gibi fazla yabancı istenmiyor olsa da Fransa ve Almanya gibi bu işin gürültüsünü çokça yapan, yabancı düşmanı orta sınıfların yaygın olduğu ülkeler gibi değildir. Aksine sessiz mekanizmalarla dış göçün fazlası engelleniyor. Hükümetten en çok duyulan açıklama ise "Yabancılar olmazsa üretim devam edemez." Dünyanın en ilginç melez çocukları Finlandiya'da...

Gürültülü bir gösteri de Finlandiya'nın iki dilliliği... Apayrı bir dil grubu içine doğan Finli çocukların nasıl olup da İsveççeyi öğrendikleri benim için hep bir sorun olmuştur. Üstelik İsveçli takımı (ki sadece yüzde 10) hâkim oldukları şirketlere alacakları Finlilerin İsveççesini hiç beğenmezmiş.

Finlandiya'nın bizim ülkenin yarısı kadar bir yüzölçümü var, nüfusu ise sadece 5,5 milyon. Ülkenin yüzde 10'unu göller istila etmiş, sayıları birkaç bin değil, birkaç 10 bin. Önemli bir miktarı orman ve daha da ilginci granit... Finlandiya'ya göller ülkesi veya "Ak Zambaklar Ülkesi" diyeceğimize granit ülkesi de diyebiliriz. Küçük alanda ise pekâlâ tarım da yapılıyor ama tabii ki ithalata bağlılar. Dünyanın en pahalı ekmeği Finlandiya'dadır. Ucuz beslenmek istiyorsanız patates yiyeceksiniz.

Avrupa'nın en şık kütüphaneleri Finlandiya'da ve tıpkı Amerika'daki gibi açık raf usulü... Dünyanın en çekici ve tarihçiye en iyi hizmet veren arşivleri de yine orada... Helsinki Üniversitesi'nin Slav Kitaplığı Rusya ve tabii eski Rusya'nın Müslüman halklarının tarihiyle de ilgili ilginç bir arşive sahiptir. Ta Kral Gustav Vassa'dan beri Finlandiya İsveç'e bağlıydı. Dil de İsveççeydi. Bu hiçbir şekilde İncil'in Finceye tercümesini, Lutherci Hıristiyanlığın yayılmasını ve Fincenin kilise çevrelerinde öğretilmesini önlemedi.

1808-09 Savaşı Finlandiya'nın Rusya'ya geçmesiyle sonuçlandı. 1812'de Finlandiya Büyükdukalığı'nın başkenti Helsinki'ye nakledildi. Helsinki Rusya'nın elindeki Talinn'e (Dorpat'a) karşı gelişen bir şehirdi, şimdi aynı şekilde Rusya'nın idaresinde de kültürel bakımdan inkişafa devam etti. 19'uncu yüzyılda Filolog Doktor Lönnrot ünlü *Kalavela* destanını toparladı. Bu, bütün cihanda ulusalcı edebiyat tarihinin en önemli eserlerinden biridir. 18'inci yüzyılda da ünlü Macar filolog Giartmathy, Fince ile Macarcanın akraba olduğunu keşfetti. Hakikaten bilmeyenler iki dili benzetir ama müşterek kelimeler ancak yedi sekiz tanedir.

Helsinki'de parlamentonun önünde Çar II. Aleksandr'ın heykelini görenler şaşırmasın. Çünkü Finlandiya'nın otonomisini, Fin dilinin yayılmasını destekleyen, daha doğrusu önlemeyen çar odur. Finler küçük şeylere de şükran duymasını biliyor. Nitekim Finlandiya'daki küçük Kazan Tatar cemaatini bile 1944 Savaşı'ndaki kahramanlıklarından ve ülkeyi savunurken ölen askerlerinden dolayı taltif etmeyi unutmamışlardır. Yeryüzünde Türk azınlıklar genellikle sorun çıkarmazlar, bunu Finler kadar takdir edeni de az görürsünüz. 1918'den beri bağımsız olan

Finlandiya Cumhuriyeti 1924'teki dostluk antlaşmasından sonra Türkiye'yle de özel bir ilişkiye girmiştir. Bu yıl Türkiye Büyükelçiliği bu olayın 90'ıncı yılını kutluyor.

Avrupa Birliği'nin kişi başına sanayi ve ticaret geliri en yüksek ülkelerinden biri ve müreffeh İskandinav Birliği içinde İsveç ve Danimarka gibi AB'ye üye olan ama o ikisinin aksine para birliğine de giren tek ülke burasıdır. Dahası öbür İskandinav ülkelerinin aksine Sovyetler Birliği ile ilişkilerini II. Cihan Harbi'nin şartları doğrultusunda zorla iyi tutuyordu, bugünse Rusya Federasyonu'yla daha gönüllü ve kazançlı ilişkiler içindedir. Finlandiya'da yerkürenin her yerinde olduğu gibi Türk öğrenciler de okuyor, çalışıyor ve mutlu görünüyorlar.

KAFKASYA

Kafkasya, her bakımdan ikiye ayrılan bir dünya; yüksek dağ silsilesinin ayırdığı Gürcistan, Ermenistan ve Azerbaycan'dan oluşan Güney Kafkasya ile kuzeydeki kavimlerin oluşturduğu coğrafya; âdetleri, dinleri ve asıl önemlisi birbirinden çok farklı dilleri ile ayrı bir dünyadır. Kuzeydekiler Kafkaslı ise güneydekiler Kafkaslılığı protokol olarak ve kendilerini ifade etmekte işe yaradığı ölçüde kullanır. Gürcü, Ermeni ve Azerbaycanlıların; kuzeyin Osetleri, Adige ve Çerkezleri, Kumuk, Karaşay ve Balkarları, Dağıstan'ın Lezgi ve Avarları ile müşterek tarafları olsa da zıtlıkları sayılamayacak kadar çoktur. Kuzey Kafkasya'nın nüfusu 5-6 milyon görünüyor, güneydeki üç cumhuriyetin nüfusu ise 15 milyonu biraz geçiyor; gerçi Kafkas halklarının dünyaya yayılan nüfusu neredeyse buna yakın... Eğitimli bir nüfus olduklarından sesleri, hatta gürültüleri bütün dünyayı tutuyor. Bunun için kimse onları ayıplayamaz, çünkü Kafkasyalılar tarihlerini çileyle yaşayan halklardır. Güçlü olan, gücünü kullanarak hakkını arar. Bu gerçeği söz konusu coğrafyada görürüz. Gücünü yanlış kullanan da bu yanlışı pahalıya öder.

Çünkü bütün dünyanın gözü üzerindedir. Yine bu gerçeği de Kafkasya'da görürüz.

Tiflis'te "Küreselleşme ve Uygarlıklar Arası Diyalog" başlıklı bir toplantıdayız. Gürcü Kilisesi'nin reisi Patrik II. İleon ve kilise adamları ağırlıklı... Toplantının açış nutkunda zamanın Cumhurbaşkanı Mihail Saakaşvili Türkiye'nin Gürcistan'a olan yardımlarını vurguluyor. Annesi Profesör Giuli Alasania toplantının düzenleyicisi... Herhâlde Türkolog olan annenin etkisiyle Türkiye'ye daha bir sempatiyle bakıyor. Saakaşvili'nin milliyetçi olduğu malum ama küçük bir ülkenin Sovyetlerin etkisinden çıkıp Batı'yla bütünleşmesi gereklerini de fazlasıyla yerine getiriyor. Mesela Fransa'nın Gürcistan büyükelçisi olan Salome Zourabichvili eski milliyetçi Gürcü liderlerden birinin kızıdır. Fransa'da büyümüş, Fransız Dışişleri Bakanlığı'na girmiş ve bakanlıkta mevki sahibi olmuştur. Tiflis'te büyükelçiyken Gürcü cumhurbaşkanı kendisini Gürcistan'ın Dışişleri Bakanı olarak seçmekte tereddüt etmemiş, bakanın maaşını Fransa veriyormuş. Küçük ülkeler bazen gerçekçi politikalar gütmek zorunda... Zarif bakan Salome Zourabichvili "Babamın ve annemin Sovyetler geldikten sonra Fransa'ya iltica ederken kullandıkları bir valizi bütün diplomatlık hayatım boyunca yanımda taşıdım ve şimdi benimle buraya geldi" diyor. "Vatana kesin dönüş yapan bir bavul olarak Gürcistan Tarih Müzesi'ne veriniz" dedim. Cumhuriyet'in sorunlarını ulusalcı olarak değil, belki dışa açılarak çözmek mümkün diyorlar. Macar asıllı Amerikalı para babası Soros üniversiteleri besliyor. Türklerin de üç lisesi ve Karadeniz Üniversitesi var. Gürcistan ordusunun eğitimi ve gerekli destek bizim Genelkurmay'dan gidiyor ama üretim hâlâ düşük. İktisadi sorunlar dağ gibi yığılmış, ABD yardımı temel sanayii kurmaya yönelik değil, Gürcistan'a çekinmeden yönelen yabancı yatırım az da olsa Türkiye'den geliyor. Petrol boru hattı kimileri için kurtarıcı, kimileri için kurtarıcı olmaktan çok iç barışın dış desteği demek. İktisat dışı değerlendirmeler burada da yaygın.

Gürcüler, eğitim ve kültür düzeyi yüksek bir halk... İki asır boyu Çar Rusya'sı Kafkasya'yı bu merkezden yönetmişti. Tiflis, Rusya taşrasında görülmeyecek bir seviyeye ulaşmıştı. İlk Farsça gazete ve Azerbaycan tiyatrosu bu beldede hayat buldu. Rusya Gürcüceyi hayattan silmeye kalksa da Gürcü dili dayanmış, Sovyet döneminde de birçok ülkenin aksine Gürcistan bazı sahalarda kendini koruyup geliştirebilmişti. Bu nedenledir ki bireysel olarak Stalin ve etrafındaki Gürcü asıllı Sovyet liderlerini eleştirseler de küçük milletler dünya tarihine geçmiş portreleri silemezler. Kafkas politikası muhafazakârlık, devrimcilik ve milliyetçilikle iç içe yürümek durumundadır.

Kafkasya'da Ruslar gelene kadar tarih boyu merkezî bir idare olmadı; gelen fatihler yalçın dağlar ve derin vadilerde birbirini anlamayan ve yapısal zorluklardan dolayı birbirinin dilini öğrenmeleri mümkün olmayan düşman kabileleri kendi hâline bırakmayı tercih etti. Onların başında durup bazısından vergi, bazısından asker toplamanın yeterli olduğunu gördüler. Osmanlı idaresi de Kafkasya'daki iki asırlık yönetiminde seçkin tabakayı İslamlaştırmakla yetindi, daha doğrusu kendisinden beş asır önce başlayan bu süreci kendi renkleri ve idari sistemiyle devam ettirdi. Kafkas kabilelerinin iç yapısına müdahale etmeden hükümranlığını sürdürdü ki, Kafkasya halklarının en hadisesiz ve olumlu hatırlanan dönemidir.

Rusya 18'inci asırda II. Katerina ile sahnede görüldü. Kafkasya'nın işgaline başladı. 19'uncu asrın başında ise Gürcistan'ın millî hanedanı sahneden uzaklaştırıldı, Gürcüce devlet hayatından, adliyeden, hatta eğitimden silindi; direniş sert ve ani değilse de uzun ve inatçı oldu. Kilisenin okumuşları, şairler, bilgin kimseler Gürcü dilini koruyup geliştirdiler. Eski edebiyat işlendiği gibi, başta Shakespeare olmak üzere bütün Avrupa edebiyatı Gürcüceye çevrildi. Gürcüce gibi Ermenice ve Azerbaycan Türkçesi de eski edebî abideleriyle hayatlarını sürdürdü. Kuzey Kafkasya'nın yazısız dilleri dahi ananenin kudretiyle yaşadı. Siyasi direniş de sert oldu ama Puşkin Rusya'sının ve genelde Batılılaşmış Rusya'nın cazibesi üstün geldi. Kafkasya'yı General Yermolov orduları değil, Puşkin'in mısraları fethetti. Aynı Rusya, Lermontov'un, Tolstoy'un, Puşkin'in kaleminde Kafkaslara teslim oldu. Dostoyevski'nin hiçbir karakteri "Tatarin Ali" dediği Dağıstanlı Ali kadar müspet değildir. Ama Rusya, Kafkasya'da ne kadar kaldı ve ne kadar etkili oldu ise o derece de düşmanlık uyandırdı. Kafkasya hâlen bir barut fıçısı değilse de devamlı sızlayan bir yaradır.

Bütün Kafkasya'daki gerilimler Gürcistan'da da var. Gürcistan Müslümanları sızlanıyor. Gürcüler; Ermenilerin Kafkasya'da barışı engellediğinden söz ediyor; Ermenilerin şikâyetlerini ise burada sıralamakla bitmez. Azerbaycan memnun değil, kuzeyin halkları Rusya'dan ne kadar çekiniyor ise güneydekilerden de çekiniyor. Bütün Kafkas devletlerinde, 10 yılı aşkın bağımsızlığa rağmen altyapının gelişmesi şöyle dursun, eski ehil yapı bile devam ettirilemiyor. Fakat mucize sürüyor. Her gün yeni bir restoran ve kafe açılıyor, Tiflis'in moda evleri civar ülkeleri kıskandıracak renklerde gelişiyor. "Diyalog" toplantısında alışılmış üslupla, barış ve küreselleşmeye karşı yerel kültürün korunması temennileri tekrarlandı. Gürcistan'ın en büyük ikinci adamı Patrik II. İleon bölücülüğe karşı konuştu. İsrail'in ünlü politikacısı Şimon Peres "Bütün Müslümanlar terörist değildir ama bütün teröristler Müslüman'dır" gibi harika (!) bir mesaj yolladı. İnsan İzak Rabin'in katlinden sonra İsrail'de pek mantıklı politikacı kalmadığını anlıyor. Sormak lazım, Rabin'i katleden hangi terörist grubun maşasıdır? Bunca terörist Hıristiyan grup nereden çıkmaktadır? Akıllı sandığımız Şimon Peres'inki maalesef toptancı ve ucuzcu bir politik üslup...

Sovyet hâkimiyeti boyunca Kafkasya'nın sürgündeki politikacıları Avrupa'da Sovyetlere muhalif Rusça dergiler çıkarırdı; Kremlin "Ancak Rusçanın altında birleşebiliyorsunuz" diye bu durumla alay ederdi. Umumi anlaşma dili hâlen Rusça ama yakın gelecekte birtakım ulusal diller sahneyi dolduracak. Tabii bu yerel dillerin sahipleri dünya ile nasıl iletişim kurabilecekler derseniz, İngilizcenin, Gürcülerin arasında şimdiden yerleştiğini görüyorsunuz bile. Kafkasya yabancıya karşı misafirperver ama istilaya direnen bir kıtaydı. Direnç Yeni Dünya düzeni karşısında söz konusu değil. AB'ye girecek Türkiye'ye gıptayla bakılıyor. Kimse AB'nin eğrileriyle doğrularını anlatmaya kalkmasın, kulak asılmaz. Amma velakin aynı şekilde davranması beklenen Ermenistan'da kimse Rusya ittifakı aleyhinde konuşturulmuyor. Bu çelişki ne demeyin? Kafkas politikacıları ayrıntılı düşünmeyi sevmiyor.

Ekim ayında sıcak bir hava var. Tiflis'teki insanların sıcaklığı, sokaklardaki resim sergileri ve müzik bütün Kafkasya'nın çok problemli olsa da çok renkli ve tatlı bir dünya olduğunu gösteriyor. Kafkasya barış içinde olmalı, çok benzeştiği Türkiye ile dostluk içinde yaşamalı ve bu dünya parçalanmamalı...

BAKÜ GÜNLERİ

Bakü'deki Diplomasi Akademisi'nde 20 Eylül Cuma günü bir sempozyum vardı. 15 Eylül 1918 tarihinde Bakü'nün Türk ordusu tarafından kurtarılışının yıldönümünü değerlendirmek için yapılan bir düzenlemeydi. Toplantıda eski Dışişleri Bakanı Hasan Hasanov da bir açılış konuşması yaptı.

Bakü'yü kurtaran ordunun adı Kafkas İslam Ordusu'dur. Başında da mirliva (tuğgeneral) rütbesiyle Enver Paşa'nın kardeşi Nuri (Killigil) bulunuyordu. Genç kardeşin askerlik eğitimi vardı fakat buradaki rütbesi fahrî generaldi. Ordu aslında büyük ölçüde profesyonel askerlerden oluşuyordu, lakin İran'da savaşan 3'üncü Ordu'dan üç düzenli tümen ve subaylar, artı Azerbaycan ve Dağıstan gönüllülerinin katılımıyla aslında bir kolordu oluşturulmuş ve ordu adı verilmişti.

Savaşın son yılında Temmuz ayında kurulan bu orduda tertip, Başkumandan Vekili Enver Paşa'nın işidir ama ordunun tertip iradesi VI. Mehmed Vahdeddin'e aittir. Ordu önce Gence'yi, sonra Bakü'yü Rus, İngiliz ve Ermeni müşterek kuvvetlerinin elinden aldı. Bunu Azerbaycan'ın yerli Müslüman halkı büyük zafer şenlikleriyle kutladı. Gerçek şu ki etnik bir katliam başlamıştı ve mağdurlar da Azerbaycan Müslümanlarıydı.

Ordu, adından da anlaşılacağı üzere gönüllüler ordusuydu ve bu tip orduların bütün efradı gibi, hatta bazen terhis edilenlerin bile gönüllü olarak katıldığı bir savaş gücüydü. Riskleri de askerin ve subayın taşıdığı riskle aynıydı; gönüllü ordu askerlerine esir muamelesi yapılmaz. Zira 15 Eylül'de Bakü'ye giren, ardından Dağıstan'da bazı noktaları kurtaran bu ordu, bölgeyi ancak 30 Ekim 1918'deki Mondros Mütarekesi'nin maddeleri gereği törenle terk etmişti. O dönemi bizim edebiyatımızda en iyi anlatan Şevket Süreyya Aydemir'dir. Kendisi de bu ordunun içindeydi.* Bu gönüllüler ordusunu savaşa ve yardıma çağıranlar ise Azerbaycan'ın yeni kurulan Millî Şura hükümeti ve Şura Başkanı Mehmet Emin Resulzade'ydi.

Azerbaycan Türkleri tarihî kalıntılara karşı bağnaz değil

Ordu Kafkasya'yı terk ettikten sonra cumhuriyet aynı askerî düzenle daha iki yıl yaşadı ve 1920 yılında Kızıl Ordu birliklerine teslim olarak feshedildi. Kafkas Ordusu'nun subay ve savaşçılarının önemli bir kısmı Doğu Anadolu'da Kâzım Karabekir Paşa'nın Şark Ordusu'na katıldı. Hoş ve öğretici bir seminerdi; bilinenlerin dışında yeni bilgi ve yorumlar yapıldı.

Azerbaycan'ın başkentini bu sefer yine değişmiş gördüm. Petrol gelirleri şehri hızla değiştiriyor; her yerde oteller yükseliyor. Çünkü Bakü ve Azerbaycan'ın elit muhitleri ve alışveriş merkezleri, Rusya başta olmak üzere eski Sovyet Orta Asya Cumhuriyetleri ve İran, hatta bazı Avrupa ülkelerinden ge-

* Şevket Süreyya Aydemir, *Suyu Arayan Adam*, Remzi Kitabevi.

lenler için ilginç bir seyahat noktasıdır. Azerbaycan'ın Ortaçağ medeniyeti kadar ilginç bir dönem görülemez ve bu Ortaçağ eserlerinin korunması bugüne kadar egzotik diyebileceğimiz bir ortamda mümkün olmuştu.

Bugünkü Bakü'nün ortasında yer alan köhne (eski) şehir, kuzeyde üç saatlik mesafedeki muhteşem Şeki şehri, Hansaray ve Lenkeran; her biri ilginç abidelerdir. Mesela havalimanına yakın noktadaki Surahanı veya "Ateşgâh" denilen mıntıkadaki Ortaçağ'dan kalma Zerdüşt Manastırı ve çilehanesi görülecek yerler arasındadır.

Bugünün Azerbaycan'ında bir zamanların ünlü Zerdüşt medeniyet merkezi sayılan Orta Asya'dan ve bizzat İran'ın Isfahan, Yezd ve Bam gibi şehirlerinden aşağı kalmayan Zerdüşt tapınakları ve dergâhları vardır. Petrol ve gaz yataklarından fışkıran alevlerin ve bunların İran-Hindistan yolu üzerinde bulunması o zamanın Azerbaycan'ını Hint-İran kutsallığına erkenden bağlamıştı ve bu kalıntılar İslami devirde bile görülür.

Hiç şüphe yok ki Azerbaycan Türklüğü bu kalıntılara karşı bağnaz ve tahripkâr değildir; tam aksine geçmişteki Azerbaycan folkloru gibi modern edebiyatta da bu kalıntı ve söylemler yer bulabilmiştir. Bugün artık pek okunmayan ünlü yazar Cengiz Hüseynov, *Fethali Fethi* adlı romanında yer yer zaman ve mekân tutarlılığının dışına çıkarak romanın kahramanlarını bütün Kafkasya'da gezindirir. Hatta 19'uncu asır Tiflis'ine Pertev Naili Boratav ve Andreas Tietze gibi ünlü Türkologlar da yerleştirilir.

BAKÜ'DE İÇ ŞEHİR

Bakü'nün "iç şehri" devirler, keşenk ve görkemli bir yer olur. İçinde de "Şirvan şahlar sarayı" derler bir nece devletli saray var; derlerse de inanmayın "özü bir hankâh (dervişlerin konakladığı yer) ve Halvetiye dervişlerinin dergâhıdır." Azerbaycan medeniyetinin bütün Ortadoğu tarihi için önem arz eden bu dinî merkezini, etrafındaki kümbeti, mezarları, mescidi, zikirhane, imaret ve mutfağıyla dururken "saray" diye takdim etmek nedendir, anlamış değilim. Sempatik tarihçi meslektaşım Mehmet Rıhtım tezinde, bu dergâhta 16'ncı yüzyılın ünlü mutasavvıfı Seyyid Yahya Bakülüvî'nin (Bakülü) ülkesinde ve civar ülkelerde oynadığı rolü etraflıca açıklamıştır. Tarihte bir dergâhın bazen bir saraydan çok daha önemli olduğunu idrak edemeyenler böyle özenti değişiklikler yapıyorlar.

Bakü'nün kale içi çok ilginç, ilginçliği Ortadoğu'da her yerde görülebilen bir hisar içi olmasından ileri gelmiyor. 19'uncu yüzyılın sonunda modern şehirleşmeyle yüz yüze geldiğinde fazla tahrip olmadan uyum sağlayabilen şehirlerden biri olduğu açık... Kale-içindeki Ortaçağ ve 18'inci yüzyıl yapılarının bazıları, yerini 19'uncu yüzyılın taş konaklarına ve burjuvazinin yaşadığı apartmanlara terk etmiş. Bu yapılaşma sur dışına da aynı şekilde taşmış; lakin Avrupa ve Osmanlı İmparatorluğu'nun birçok şehrindeki yapılanmaların aksine Bakü'nün surlarına dokunulmamış.

Bakü, bu görünümü ve hâliyle İtalyan şehirlerindeki gelişmeyi hatırlatıyor. Azerbaycan halkı heykeli seviyor. Bu konuda İslam dünyasında öncüler... Surların hemen önündeki parkta ünlü heccav ve şair Molla Ekber Sabir'in heykeli 20'nci yüzyıl başında, hem de halkın topladığı bağışlarla dikilmiş; bu anlamda da bir ilk. Nesimi heykeli, Edebiyat Enstitüsü ve renkli çarşı ananeden çağdaşlığa geçişi fizik olarak yansıtıyor. Çarşının hâli de ülkenin içindeki tezatları yansıtıyor. Hayat zor ve bu arada kolay zengin olanlar bir hayli fazla...

19'uncu yüzyıl sonu ve 20'nci yüzyıl başında Azerbaycan petrolleri yeni bir sınıf yarattı. Bu sınıfın içinde Tagiyev, Nagiyev, Aşurbeyli gibi bazıları yeterli eğitim görmemiş fakat deha derecesinde zeki Azerbaycan Türkleri de petrol milyarderi olarak yerlerini aldılar ve parayı İsviçre bankalarından çok Bakü'nün sokaklarına yatırdılar, şehri donattılar. Cenova, Venedik, Floransa tipi saray ve yapılarla gotik Neo-Rönesans üslubunu yaratan konutlar geniş caddelerin etrafında yükselmeye başladı. Surların içi ve dışı bu tip binalarla donandı. Sovyet sonrası dönemin yeni zenginleri ve iktidara yakın olanlar ise ecnebi şirketlerin pek makbul tuttuğu Hazar Denizi'ne bakan bu semtteki yüksek kiralara bakıp; "Eğer eski binalar talebi karşılamıyorsa biz yenilerini yapalım, yüksek fiyatla kiraya veririz" diyerek açıkgözlülüklerini ortaya koydular. Güzelim taş binaların ortasına bazıları kalfa yapısı kötü, yüksek binalar dikmişler. Bazıları da eski binaları enine boyuna ilaveler yaparak lenduhaya çevirmişler. Galiba İstanbul'dan Taşkent'e Türk toplumlarının ve şehir yönetimlerinin ortak yanı bu: birtakım açıkgözlerin tarihi tahrip etmesine göz yummak. İnsanlar bu rezaleti sadece birbirlerine şikâyet ediyorlar, ortak önlem yok.

Bu ne biçim millet demeyin; Azerbaycanlılar birçok şeyi çok iyi biliyor, bu edepsizliklerden rahatsız oluyorlar ama bezginler. İnsanlar musikiden çok iyi anlıyor ve müzisyen derecesinde bu sanatı öğrenenlerin sayısı oldukça yüksek... Herkes iyi kötü resim yapıyor. Pejmürde antika dükkânlarının içinde baş köşede sanat tarihi rehberi ve katalogları bulunuyor. Böyle dağınık bir dükkânın sahibi Tahir Mehemmedov çarların ünlü kuyumcusu Faberge'in adı geçince, onun sekiz ünlü ustasının; Hlebnikov, Ovçennikov, Orzelnikov, Morozov, Sizikov, Mulikov, Rerih ve Gagarin'in isimlerini saymakla kalmıyor; şaşkınlığımı her birinin yaptığı paskalya yumurtalarının üslup farklılıklarını vs. anlatarak artırıyor. Tabii bu manzara ile dışarıdaki perişanlığı bağdaştırmanın imkânı yok. Bütün eski Sovyet ülkelerinin sorunu da bu; yağ var, irmik var ama helvayı yapmaya kimsenin niyeti yok; şekeri saklayanlara ise kimse direnmiyor.

İTALYA

VENEDİK

Rivayet olunur ki, 5'inci asırda Hunların önünden kaçan ahalinin Adriyatik Denizi'nin kuzey kıyısındaki lagünler üzerinde ustalıkla kurduğu Venedik, bir gün geldi bütün Akdeniz'in en zengin ve hükümran şehri oldu. Üstelik Venedikliler denizde ve karada iyi savaşan bir kavim olarak bilinir. Hülasa iğneyle kuyu kazarak zengin ve kudretli olmuşlardır.

Bir şehrin tarihî oluşumunu saptamak kolay değildir. Bazı hâlde yazılı kaynaklar yanıltıcı, arkeolojik kazılar ise yetersiz kalabilir. Venedik, Adriyatik'in kraliçesi ve şehirden çok cumhuriyet ve cumhuriyetten çok diktatör bir Akdeniz imparatorluğudur. Şehrin koruyucu patronu Aziz Marko'dur ve onun sembolü olan aslan, Venedik'in de bayrağıdır. Şehrin adı her milletin dilinde ayrı telaffuz edilir: Macarlar Velense der, Almanlar bizim gibi Venedik, kendi sakinleri Venezia, öbürleri Venice vs. Biz Venedik Cumhuru derdik devletin adına. Belli ki herkes oraya gıpta veya iştahla bakmış. Büyük kanalın bir tarafında Türk hanı, öbür tarafında Alman hanı var. Venedik doğuyu batıya, güneyi kuzeye taşımış, zenginleşmiş ve bu dünyayı da zenginleştirmiş merkezlerden biridir. İşgali kolay değil;

gelen gemiler sık sık değişen ve kayan kum tabakasına oturup kalır. Bunu izleyebilen, kazıklarla işaretleyen ve bundan anlayan sadece kendileridir. Her şeyin bir düzeni var.

Venedik denize çakılan kazıklar üzerinde inşa edilen bir şehirdir, bunun gibi bir şehir de Amsterdam'dır ama o Venedik'in taklidi dahi olamaz. Venedik cumhuriyettir ama bugünkü cumhuriyetlerden çok farklıdır. Buna "patrici", eşraf yahut ağa babalar cumhuriyeti diyebilirsiniz. Belirli aileler bu devleti yönetir, yönetenleri seçer. Bu asil ailelerden Baffo soyunun bir kızı bize padişah eşi ve validesi oldu. Venedik'in kademeli ve karışık bir meclis sistemi vardır ve bu sistem sokaktaki törene bile yansır; herkes istediği törene katılamaz.

Venedik görkemlidir, renklidir; hem dindardır hem de karnavalın, eğlencenin ve zinanın dahi kuralları vardır. Hele iktidar söz konusu oldu mu, birtakım aileler birbirini yer. Ama birbirini yiyen ailelerin ortaklaşa bir düzeni vardı; herkes ne kazanacak, ne iş yapacak belliydi. Yılın belirli zamanlarında Akdeniz'e açılan ticari gemi kervanlarına cumhuriyetin donanması refakat ederdi. Bu korumalı "muda" denilen gemi kervanına da sadece belirli sınıflardan aileler sermaye koyup katılabilirdi. Sermayedar da, işçi de kazanç ve fırsat eşitliğine sahip değildi; meydanlarda salınan, kiliselerde itibarlı sıralara oturan, hele evlilikte eşitliğe sahip olanlar olmayanlara göre bir azınlıktı. Şehrin Yahudileri mi dediniz? "Getto" denilen baruthane semtine kapatılmışlardı. Bu mendebur yerden kaç asır sonra paralar ödeyip ayrı bir mahalleye çıkabildiler. İçlerinde tefeci Shylock gibi olanları pek yoktu, haddine mi düşmüş, o ancak Shakespeare efendinin fantezisidir.

Venedikliler, Doğu Roma'ya iyi yerleşmişti; Galata, yani Pera'da bir koloni, her yerde koloniler ve tabii tatlı kazançlar... 1185'te Bizans halkı bunlardan yaka silkti ve canlarına okudu. Venedikliler bunun acısını 1204'te fena çıkardılar. Venedik'in seçimli büyük diktatörü ve 100 yaşına kadar yaşayan büyük adamı Doç Enrico Dandolo, Haçlıları Kudüs yerine İstanbul'a yöneltiverdi ve Haçlı işgalindeki her yerde muhteşem koloniler kurarak şiddet estirdi. Cenovalılarla Venedikliler rekabet içindeydi; incelik, servet, ilim ve sanat onlara mahsustu. Zengin ve muhteşemdiler.

Türklerin Küçük Asya, Balkanlar ve Akdeniz adalarına inmesi Venedik'in Akdeniz'deki imparatorluğunun sonu oldu. En son 17'nci asırda Girit Osmanlı olunca, İtalyan şehirlerinin nefesi tükendi. Osmanlı Venedik'e karşı her şeyi yaptı; hatta Dubrovnik gibi tüccar Slav cumhuriyetçilerini bile himaye etti. Güngörmüş Venedik fakirleşti, çürüdü. 1797'de General Bonaparte, Campo Formio Antlaşması ile cumhuriyeti ilhak ediverdi, hatta bizim burada Tomtom Kaptan Sokağı'ndaki şık Venedik sarayına bile Fransız Sefareti yerleşti. 1815 Viyana Kongresi'nde de Avusturyalılar Venedik'le birlikte onun İstanbul'daki sarayına el atıp sefaret yaptılar.

Nihayet Venedik, İtalya'nın oldu. Bu şehre belki en büyük kötülük, lagünler üstündeki binalara Mussolini'nin hoyrat sanayileşmesinin getirdiği çürümedir. Şehir hâlâ çürüyor, toparlanamıyor ve nüfusu azalıyor. Ama yine muhteşem, yine doyulmaz ve asil bir beldede bulunduğunuzu her an hissediyorsunuz.

Venedik, Akdeniz'e açılmak demek; Akdeniz'in neresinde olsam öbür uçta Venedik'i tahayyül ederim. O uygarlık, o mimari, o resim belirgin bir "Akdeniz nostaljisini yaratır. Tabii bütün bu nostalji İstanbul merkezlidir. Çünkü bu dünya İstanbul'un etrafında şekillenir. Venedik kendisini istilalardan deniz sayesinde koruyan akıllı adamların şehridir. Lagünlerin üstüne şehir kurmak kimin aklına gelir ki? Bin yıldır dayanan kazıkların üzerinde o gördüğümüz saraylar inşa edilmiş. Sarayların sahipleri imparatordan imtiyaz alan toprak beyleri ya da savaşçılar değil; zenginlikleri ticarete dayanıyor. Ticari zenginlikleri de bir nevi tekelciliğe... Akdeniz'e açılan korunmuş filolarda kaç gemilik hissenin olacağı nüfuzuna bağlıdır.

Venedik'in yönetimi oligarşidir. Buna irsiyet kazanan, yani babadan oğula geçen mafya hâkimiyeti de diyebilirsiniz. Lagünlerin üstüne kurulan bu şehre girmek için, körfezdeki yer değiştiren kum adacıklarının hareketini çok iyi bilmek gerekir. Kum adacıklarının şekillenişini izleyip her gün kazıklarla yer belirlenir. Ortaçağ'da muazzam surlarla korunan İstanbul çok istilalar geçirmiştir ama su seviyesinin ne olduğunu belirleyen kazıkları kaldırınca istilacının karşısında surdan da beter bir engel belirir, mutlaka kuma otururlar. Bu yüzden kimse Venedik'e pek yanaşamamıştır.

Adriyatik kraliçesi denen Venedik Cumhuriyeti, Akdeniz'in her yerine açılmıştır. Adaları istila etmiştir, koloniler kurmuştur; hatta 1204'te kuzeyli barbarları İstanbul'a saldırsınlar diye kışkırtmıştır. Dahası o saldıranlar şehirde 50 yıl her türlü soygun ve rezilliği irtikâp etmiştir.

Venedik, birçok adacık ve kanallar olarak hafızamdadır. Bu şehir Türk tarihçilerinin zihniyet dünyasında yer etmiştir. Venedik nostaljisi Akdeniz'in üstünlük devirlerine ait bir duygudur. Selçukluluk ve Osmanlılık, Akdenizlileşmiştir. Nitekim

Avrupa dünyasında Türk tarihiyle uğraşan birtakım bilginler, Asya ve Volga boyuna hapsolmuştur. Akdeniz onları korkutur. Heyula gibi derin bir medeniyettir. Hamulesi (yükü) boldur. Balıkçılar ve gezgin coğrafyacılar bu denizin etrafındaki medeniyetin birliğini anlayan iki gruptur.

Venedik'e ilk gittiğim vakit boğucu Haziran sıcağı vardı. İki günlük sıcaktan sonra üçüncü ve dördüncü günler sağanak altında gezdim. İlk iki gün kanalda gezerken müthiş bir ihtişam, yağmurda Venedik sokaklarını ve küçük kiliseleri gezerken hayran olduğum bir incelik gördüm. Sokaklar Alman doluydu. Bizim tasavvurumuzdaki tarihî Venedik sokaklarında uzak Asyalılar, Ortadoğulular ve Kuzey Avrupalılar birlikte gezinirdi. Venedik'teki İtalyanca kimseyi çekmez. Ama bütün Avrupa'nın ve tabii bizim tarihimiz için en önemli belgelerin kaydedildiği lehçedir. Bizans'tan 18'inci yüzyıla kadar en muhteşem binalardan biri olan San Marco'nun karşısında "devletin arşivi" vardır. Venedik odur. Nerede bulunduğunuzu anlarsınız. Çok kişi için "gondol ve müzik" olan Venedik, aslında yeryüzündeki "devletin en güzel heykelleştiği" bir coğrafyadır. Hiç şüphesiz ki, Venedik'e müteakip gelişlerimde, sonbaharın güneşli ama serin rüzgârlı havalarını, ardından ilkbaharın tatlı meltemini hissettim. Venedik baharda ve güzde ayrı güzellikte iki resimdi. Güneşli bir kış gününde rüzgârların fazlalık yapan renk tonlarını silip süpürmesi gibi, Venedik, sert fırça darbeleriyle yapılmış bir resim gibiydi.

Havasını yakaladığınız zaman, Venedik kocaman bir coğrafyanın ve uzun bir tarihin küçülüp sizinle kucaklaştığı bir tiyatrodur. Orada istediğiniz coğrafyanın insanını, Akdeniz'in istediğiniz köşesini, Enrico Dandolo'yu, Isaak Angelos'u, Kommenleri, Anna Komena'yı, Goldoni'yi, Tintoretto'yu, Türk tüccarlarını, Fugger'in muhasebecisi Mattheus Schwartz'ı sahneye çıkarırsınız. Nasıl bir oyun sahneleyeceksiniz, o sizin rejisörlüğünüze kalmış. Bana göre Venedik'te; Napoli, İstanbul ve Kahire'yi yaşamamış insanların entelektüel bir macera geçirmesi zordur. Çok derin, bilgili ve çarpıcı olabilirler. Ama insan sıcaklıkları olmaz. Soğukta güneş ışıklarıyla Venedik'te ölünmez, dirilinir.

ESKİ DEVRİN AVUSTURYA İTALYA'SI

1918'de Avusturya-Macaristan monarşisi yıkıldığı zaman, yani I. Harp'in bittiği gün İtalya Krallığı, imparatorluğun elindeki Güney Tirol bölgesini ele geçirmişti. Mütareke ve savaşı sona erdiren Saint-Germain Antlaşması gereği, bölge İtalya'nın elinde kaldı. Mussolini'nin burada uyguladığı sert İtalyanlaştırma politikası dahi müttefiki Adolf Hitler tarafından önlenmedi, göz yumuldu. Şüphesiz bu politikalar bölgede Alman dilinin varlığını sona erdirmeye yetmedi ama geçen zaman ve oluşumlar aşınım yaptı.

Bu mevsimde Kuzey İtalya hem mutedil iklimi hem de insanın rüyalarına kadar girecek bitki örtüsüyle bilinir. Bazıları peri bacalarının dünyada sadece bizde, Ürgüp'te olduğunu sanır. Oysa Alplerin dolomitlerini hazırlayan jeolojik şartlar bu bölgede rengi ve biçimi bile aynı aşınmalarla meydana gelen, yerli halkın piramit dediği bacaları da oluşturmuştur. Bazı hayallerimizin değişmesi gerekiyor. Güney Tirol dediğimiz dolomitlerle kaplı ve uzun zaman Avusturya ve İtalya arasında çekişme konusu olan bölge, artık eski Avusturya'yı ancak tarihçi gözüyle bulabileceğimiz bir yer olmuştur.

Bozen (Bolzano) ve Meran (Merano) gibi şehirlerin etrafında hemen başlayan ve dağlara doğru uzayan yerleşmelerde bundan 30-40 sene evvel bile hayvancılıkla uğraşanlar inekleriyle otururdu. Dik yamaçlarda ulaşım atlı araba, binek hayvanı veya köylünün kendi taban gücüyle sağlanırdı. Galiba Kuzey Tirol'de, yani Avusturya Tirollerinde böyle yerlere nadiren rastlanır ama İtalya'da artık hayır. Dağlık bölgede hâli vakti yerinde İtalyanlar ve Avusturyalıların villaları yer alıyor. Yerleşmeler asfalt yollarla bağlı, hatta otobüs işliyor. Tek tük kalan ve şaraplık üzüm bağlarının sahibi çiftçiler eski devirlerdekinden çok farklı... Büyük yerleşmeler güneyden göç edenlerin veya büyük şehirden bunalan ihtiyarların inziva yeri hâline gelmiş. Güney Tirol'ün sanayileşmiş bölgesi sayılan Bozen'in 100 bin nüfusunun sadece dörtte biri Avusturyalıdır. Avusturyalılar iki dilli ama İtalyanlar tek...

Avusturya'nın trajik hayatı ve güzelliğiyle ünlü, hem de avangarde imparatoriçesi Elizabeth (Sissy) bilhassa hafif tüberküloz geçirdiği zamanda Meran'ı çok sevmişti. Onun etrafında bulunmaktan zevk alan Viyana aristokrasisinin bütün tipleri kışın bile buradan ayrılmamakta direnen İmparatoriçe'nin yakınında köşkler yaptırınca, Meran Kuzey İtalya'daki Avusturya oldu. Bugün sadece bir sayfiye ve pahalı bir alışveriş yeri; hava her zaman güzel ve sıcak, Avusturyalıların ve Almanların her mevsim akın ettiği bir bölgedir. Güney Tirol'ün üzümleri de, şarabı da ünlüdür. Bütün restoranlar İtalyanların, hizmet verenler ise Pakistanlılardan oluşuyor.

İster istemez elinize bölgeyi anlatan rehberleri alıyorsunuz, gerçek şu; malum turistik rehberler her daim tedbirli bir üslup kullanırlar. Komşu devletlerle aralarındaki gerilimli noktalara temas etmemeye çalışırlar. Zira rehber kitabını kimin alacağı belli değildir. Müşterileri rahatsız etmenin anlamı yoktur. Oysa Güney Tirol üzerine yazılan turistik rehberler ve mesela Dietrich Döllehuber'in Güney Tirol rehberi ve Rolf Steininger'in Güney Tirol tarihi ve toplum yapısı üzerine yazdıkları kitaplar pek pervasız... Güney Tirol'ün bitmeyen ve tatmin edilmeyen haklarından söz ediyorlar. İtalyanlar o derecede mukabil tacizde bulunmuyor. Şahsen hayatımda yaptığım birkaç gezide bu yakınmaların her zaman pek doğru olduğunu düşünmedim. Evet, buralar eski Avusturya, o imparatorluğun tadını bulmak, tarihî kalıntı hâlinde olsa da mümkündür. Ama bilhassa Bozen gibi bir kültürel ve ticari sanayi merkezinde İtalyanlığın payını da kimse görmezlikten gelemez. Bu Ortaçağ için de Rönesans için de böyledir. Bölgenin ünlü müzisyen ve virtüözü, Rönesans'ın ünlü sanatçısı Monteverdi'nin adını taşıyan konservatuar meydandadır. Çarşıdaki sokaklar, revaklar, çarşının düzenleniş biçimi İtalya'yı aksettiriyor. Güney Tirol'ün zenginliğinde 15'inci asırdan beri gelen İtalyan zanaatçılığının, mühendisliğinin, sanatkârlık, müzik ve kültürün büyük payı var. Her daim etraftaki dağları seyretmek insanı dinlendiriyor. Ama şehrin içindeki binalar İtalya'nın bu bölgeyi zenginleştirmekte ne kadar büyük payı olduğunu gösteriyor.

Her sokağın "Via dei portici-Laubengasse" (Revaklı Yol) gibi iki ismi var. "Via della Mostra Musterstrasse", Universita-Universität ama "Museo-Museum" caddesi yok; yolun adını eski Yunancaya sığınarak *Museion* yapmışlar. Zenginleşen İtalya'da bile birbiriyle çekişmeler yok değil. Ekonomik durum çok iyi olmasa, nüfus ihtiyarlamış olmasa ne olurdu Allah bilir.

Buralarda pek Türk turist görmüyoruz. Oysa görüp incelememiz gereken bölgelerdir. Belçika'nın Flander'i, İspanya'nın Katalunya ve Bask bölgeleri, hepsi bize yaşadığımız sorunlar için ilginç fikirler verebilir.

Kuzey İtalya gezimin bu seferki durağı; Mantova

Venedik'in civarında, Verona'nın 30 kilometre güneyinde, Po Ovası'nın bütün bereketinin ortasında yer alan şehir... Rönesans'ta Mantova dukaları daha çok Gonzaga ailesindendi. Şehrin piskoposu da bu ailenin bir başka dalından gelirdi. Mantova veraseti 18'inci asır başlarında Avusturya Habsburglarının, daha doğrusu İmparotiçe Maria Theresa'nın eline geçti. Zengin ovanın ortasındaki zengin şehir küçüktür ama Rönesans mimarisinin bütün özelliklerini, mahalle hayatının hem içe kapanıklığını hem dışa açıklığını, çarşının-pazarın Rönesans şehri ahalisinin günlük hayatındaki önemli yerini açıklar. Üstelik Mantova'nın Rönesans kültüründe çok önemli olaylara sahne olduğu malumdur. Fransızların işgaline uğradı. Dante Floransa'da uğradığı zulümden buraya sığındı, şehir İspanyol Habsburglarının idaresinde kaldı ve nihayet Avusturya'ya geçti, ta ki "Risorgimento" dediğimiz İtalya'nın birleşmesi olayıyla İtalyan anavatanına katıldı.

Bereketli Po Ovası'nın ortasındaki Mantova, İtalyan resminin önemli bir merkezi olduğu gibi, Claudio Monteverdi üstadın katkılarıyla İtalyan müziğinin ve operasının merkez kaynaklarından biri olabilmiştir. Vincenzo Gonzaga'nın sarayı, Monteverdi'nin Rönesans'tan Barok'a geçiş döneminin en önemli eserlerini yarattığı bir yer oldu. Malum Mantova'nın tarihi, Roma ve öncesine kadar gider. Avusturya devrinde

Virgilius'un adını taşıyan Academia Tiyatrosu'yla da tanınır. Mantova İtalyan tiyatro merkezlerinden biriydi. Şehirde başka tiyatrolar da vardı. Şu sıralar Mantova 2019 yılındaki Avrupa kültür başkentliğine hazırlanıyor. Bir Rönesans şehri nedir? Kırın hemen ortasında ağaçla otun üstünde taşın harikalar yaratmasına vesile olduğu bir sanat ve mimari merkezidir. Tıpkı Toscana bölgesinin Siena'sı gibi, Mantova bu niteliklerin hepsine sahiptir. İlkbahar ve sonbaharın ortalarına kadar (yaz sıcakları hariç) bizlere Rönesans şehrini en iyi öğretecek merkezlerden biri...

GÜNEY İTALYA

Roma'nın güneyine yapılacak bir gezi, eğer otomobil ve demiryolu kullanılırsa ve sık sık Ortaçağ ve Rönesans dönemlerinin ünlü şehirlerine uğranırsa, Doğu-Batı sentezinin canlı tarihini seyredeceğimiz bir tiyatro sahnesidir.

Güney İtalya Türklerin ilgisini henüz çekmiyor. Oysaki İtalya'nın Roma İmparatorluğu, Ortaçağlar ve Rönesans dönemlerindeki bütün gücü güney eyalet ve şehirlerinden gelir. Eski Roma, Kartaca'yı bertaraf ederek Sicilya'yı ele geçirdikten sonra ilk çağın zengin Akdeniz ülkeleri, Mısır ve Suriye'yle gerçek bir imparatorluk olmuştu ve zaten daha önce Magna Graecia (Büyük Yunanistan) denilen bölgedeki eski Yunan kolonileri Güney İtalya ve Sicilya'nın sahillerinde kurulmuş olup ilk atılımı o sayede yapmıştı.

Ortaçağlarda Doğu ve Batı'yı birleştiren ve İtalya'nın bu ilk Doğu tesirlerini benimseyip hamur ettiği yer yine Güney İtalya'dır. Sicilya ve Palermo'nun hem Bizans hem de İslam fetihlerinin getirdiği Ortadoğu medeniyetini nasıl yoğurduğunu Güney İtalya'da görürüz. Norman hâkimiyeti açıktır ki

Sicilya ve Güney İtalya'da beynelmilel bir kültür iletişimine ve eserlerin ortaya çıkışına neden olmuştur.

Doğrusu bizim gençliğimizde okullarda İtalyan Rönesansı çok yavan ve sadece İtalya'dan sonra Kuzey Avrupa'da gelişen bir dönem olarak anlatılırdı. Kimse Kuzey Avrupa'nın İtalya'dan beslendiğini ve İtalya'nın da üstünlüğünü Doğuluları iyi hazmedip nakletmesine borçlu olduğunu dikkate almazdı.

Roma'dan hareket ediniz. Güneyliler Berlusconi'yi sever ve diğer partilerin hepsine ebedî olarak kuşkuyla bakarlar. Kuzey onları reddettikten sonra aşırı kuzeyli düşmanı oldular. Bu duygu çok şey ifade etmez, çünkü her ailenin bir iki ferdi hayatını kuzeyde kazanıyor. İlkbaharın bereketini ve yeşilliğini hiçbir yer mimozaları ve gelincikleriyle Güney İtalya kadar müteşekkir ve saygılı olarak yeryüzüne haykıramaz. Geçtiğiniz şehir ve köylerde kapalı kepenkler bu bölgenin derdini anlatıyor. Gençler kuzeyde... Bari ve Brindisi gibi kirli limanlar, yaşamın zorlaştığı, Afrikalı göçmenler ile Arnavutluk göçmenlerinin doluştuğu yerlerdir.

Puglia eyaletinin, yani İtalya'nın çizme topuğunun ucundaki Otranto'ya gidiyoruz. Türk imparatorluğunun amirali ve sancakbeyi Gedik Ahmed Paşa'nın öncü olarak İtalya'ya ayak bastığı ve fethettiği şehir; Fatih Sultan Mehmed'in Gebze sahrasındaki sefer konağındaki ani ölümü o yıl içindeki bütün harekâtı durdurdu. Ardından II. Bayezid, Cem Sultan'ı yendi, Cem Sultan İtalya'ya sığındı ve İtalya'nın fethi projesi suya düştü. Gedik Ahmed Paşa'ya da bu bölgeyi boşaltmak kaldı. Bir yıllık fethin tartışması hâlâ sürüyor. Otranto Katedrali'nin içi Rönesans'ın Sistina Şapeli'nin öncüsü olacak biçimde sevimli kırsal üslupla cenneti ve dünyanın yaratılışını mozaiklerin üstüne kazımış. Ortaçağ'dan beri kiliselerin kripta ve mezarlıktaki iskeletleri bir müddet sonra yığdıkları duvar hücrelerindeki kemikler Gedik Ahmed Paşa'nın 1480'deki katliamına (!) mal ediliyor. Tabii bir yeri fetheden Osmanlı ordusunun ilk işi vergi kaynaklarını ve mükelleflerini tespit edecek tahrir işlerini yapmaktır, yoksa vergi verip üretecek adamları meydana doldurup kesmek gibi bir fantezinin tarihle ilgisi olmaz. Ama bu kadar sene sonra fantezi ve menkıbe tarihin önüne geçse ne olur diyeceksiniz. Pek de iyi olmuyor. Daha çok olgunluk lazım. Otranto ve Puglia eyaleti, yani İtalya topuğu İyonya ve Tiren denizlerinin birbiriyle buluştuğu mevsim rüzgârları nedeniyle de kışın suların çekildiği bazı mağaraların yazın tekrar dolduğu bir bölgedir.

Tabiat çok hoş... Yerleşim bizim güneydekinin aksine sınırlı... Eski yapılar korunuyor. Giovanni Pasca, yani Santa Cesare Kaplıcaları'nı işleten ilk kapitalistin, Pasquale Ruggieri (1866-1929) adlı ünlü mimara yaptırdığı Şark usulündeki villayı gözden geçiriyorduk ki, kepenkleri kapalı ıssız villadan evin sahibesi Laura Sticchi Hanım çıktı. Birkaç nesildir bu villada oturan toprak sahibi ailenin hanımıdır. Korumanın çok zor olduğundan yakındığı ev için hükümet tarafından yapılan bir miktar vergi indirimi olduğunu söyledi. Tabii ki yetersiz... Bütün dünyada ve Türkiye'de de gördüğümüz şu ki, bu gibi konut mimarisinin eski örnekleri ancak sahiplerinin içinde oturması ve gayretiyle korunabiliyor.

Laura Sticchi Hanım zarafeti ve ziyaretçilerine gösterdiği ilgi ile bu eski konağın mirasını temsil ediyor. Otranto'daki resmî menkıbelerin aksine Laura Sticchi Hanım, "Bizim aile Otrantolu, büyükannelerimin ve teyzelerimin anlattığına göre soyumuzda Türk izleri varmış" dedi. Akdeniz, kıyısındaki insanları hep sıcak bir şekilde birbirine bağlar. Otuz kilometre ötede ise Marina di Adrano adlı nefis bir koyun üstünde yer alan Villa Maria isimli benzer üsluptaki bir başka villa, Sticchi Villası'yla boy ölçüşüyor. Mağaralarıyla ünlü başka bir koyda, Ponte Sciolo'da yazlık villalar var ama bunlar müteahhit kalfalara yaptırılmamış, etraftaki "paega" denilen taş kubbeli köylü barınaklarının taklidi olan bir üslupla yapılabilmiş belli ki; İtalya'nın mimari titizliği devam ediyor.

Güney İtalya ilginç bir dünya... Normanlar ve onlardan evvel Bizans ve Araplar döneminden kalma nüfus yapılanmalarına her yerde rastlanıyor. Castrignano dei Greci denilen topuk bölgesindeki birkaç köyde hâlâ Yunanca konuşan ihtiyar bir nüfus var. Bizans zamanında, dokumacılıkta becerikli dedelerinin getirtilip yerleştirildikleri bu bölgede ananeyi devam ettiriyorlar. İstanbul'daki İtalyanları, İstanbul'un yerli Helenleri içlerine alıp eritmiştir. İtalya'nın güneyinde ise bunun tam aksi oluyor ki, nüfus adamakıllı azalmış. Salento yerli lehçede; yani her zaman güneş, deniz ve rüzgâr demektir. İtalya'nın coğrafyası insanların birkaç bin yıldan beri hem bereketli toprağın ürünleri hem de denizden yararlanarak yaşamalarını sağlamıştır. İtalya'yı Akdeniz'in her tarafı çeker ve Akdeniz'in her tarafı da Güney İtalya tarafından çekilir. Roma'nın güneyindeki İtalya'ya baktığınızda medeniyet tarihinde bu ülke parçasının oynadığı aracı ve anlatıcı rolü anlamak kolaylaşıyor.

ROMA VE LAZİO

İtalya'da gördüklerim beni çok memnun ediyor; 25 sene evvel görmediğim manzaralar, her yerde Türk grupların rehberle gezmesi gibi. Ama bu gezileri kısa tutup alışverişi tercih ediyorlarmış. Gelir gelmez Roma'nın güneyinde kalan Latium (yahut bugün Lazio) eyaletinde bir kıyı şehri olan Terracina'ya gittik. Tepede Etrüsk eserleri var ve asıl önemlisi Giove Anxur denilen Jüpiter Tapınağı'dır. İtalya'nın en güzel manzaralarından birini buradan seyretmek mümkündür.

Bazı şeyler artık İstanbulluların gözünden kaçmaz oldu. 3,5 milyonluk Roma'nın içinde ve şehirler arasında yeşil İtalya tabiatı da şehirlerin eski eserleri ve klasik yapısı kadar iyi korunuyor. Lazio bölgesinde Terracina ve yanı başında Sperlonga iki eski oppidum (surları kapanan şehir) ünlü Via Appia'nın üzerindeki konaklama yerlerindendir. Burada denizi seyrederken "Ne kadar Antalya ve Konyaaltı'na benziyor!" diyoruz. Beydağları ve Konyaaltı daha güzeldi. Tabii bugünkü lüzumsuz çirkin bloklar, gökdelenler olmadan evvel... Bundan gelecekteki şuurlu Türkiye'nin kaçınması gerekir; gerekir ki bir güzel tabiat ortaya çıksın. Herhâlde orada bizdeki kadar becerikli adamlar olsa İtalya'nın ne hâle geldiğini görürdük.

Roma'nın doğum günü (*Natale di Roma*) sayılan 21 Nisan'da La Sapienza Roma Üniversitesi her sene bir seminer yapar. Hukukçulukla tarihçiliğin buluştuğu bu sempozyumlarda üç Roma imparatorluğunun; yani Roma'nın, Konstantinopolis'in ve Moskova Rusya'sının tarihî ve hukuki kurumları inceleniyor.

Bu tasnifin yetersiz olduğunu Roma medeniyetini Hıristiyanca yorumlayanlar da fark etmiş olmalılar ki hayatımın bir safhasında ben ve birkaç Osmanlı tarihçisi ve Roma hukukçusu zaman zaman davet edildik. Galiba en uzun süre ben gittim. 1992'den beri 22 yıl bu seminerlerin ana kurulunda üyeyim. Dört tanesini de İstanbul'da yaptık. Konulardan biri "Roma ve Osmanlı İmparatorluğu'nda mahallî idareler ve şehirlere göç"tü.

Vatikan nezdindeki büyükelçimiz Prof. Dr. Kenan Gürsoy daha önce de yaptığı gibi seminerlere katılarak ilgisini gösterdi. İtalya tarihinin herhangi bir safhasının Türk tarihi için büyük önemi olduğu bir gerçektir. Roma tarih ve kurumlarını bilmeyenler Osmanlı imparatorluk tarihini anlamak bakımından önemli bir noktayı bilmiyorlar demektir. Rönesans İtalya'sının tarihini, özellikle kültür ve iktisat tarihini bilmeyenler Osmanlı medeniyetinin 15-18'inci asırlarında etkilendiği yerleri ve bizzat etkilediği dünyayı tanımıyor demektir. Venedik, Cenova, Floransa önemli Akdeniz cumhuriyetleridir. Napoli'yi, Sicilya'yı ve Papalık tarihini bilmemiz gerekir.

Toplantıda, geçen iki senede olduğu gibi, Galatasaray Üniversitesi'nden Dr. Başak Karaman'ın da tebliği vardı. Genç Türk araştırmacılar artık kabuğundan çıkıyor ve tarihin her dönemiyle de çevre ülkelerle de ilgilenmeye başlıyorlar, bu bir açılımdır. Toplantı Campidoglio, yani Capitol Tepesi'nde, Protomotheca Salonu'nda yapıldı. Arada bir nefes almak için balkona çıktığımızda bütün ihtişamıyla karşımızda Palatina Tepeleri ve altında da Roma Forumu'nun harabeleri görülüyordu.

Roma başta olmak üzere İtalyan şehirlerinin büyük çoğunluğunun yapıları ve güzellikleriyle insanları günün hayhuyundan, şeylerin gürültüsü ve pisliğinden uzaklaştırması bir yana, tabiat ve tarih iyi korunduğu için zihinlerin mazide seyahati mümkün... İtalya'da da eğitim bütün Avrupa'da olduğu gibi geriledi. İtalyan gençliği de Fransızlar gibi, hatta Almanlar gibi babalarının ve dedelerinin bildiklerini bilmiyor. Ama hâlen mazilerini koklayabiliyorlar ve o mazinin devrettiği kültürel mirasa sahipler. Mimar ve ressam başka türlü çizgi çiziyor ve fırça atıyor.

En berbat denilen binalar bile bizdeki gibi berbat değil ve İtalya'da bina temeli kazarken çıkan kıymetli eski tabakaların üstüne kimse beton dökemiyor, bu mümkün değil. Rüşvet böyle bir ahlaksızlığı getiremez, çünkü insanların estetik ölçüleri farklı... Toplumlar da bu konuda farklı; İsrail'de arkeolojik mirası korumak daha da şiddetlidir. Eski eser kaçakçıları düşman, iştirak edenler vatan haini olarak görülür. Bu dünyada böyle örnekler varken, şehirlerin etrafında mahvolan eski mezarlarımıza kimsenin aldırış etmemesini nasıl açıklayacağız? Roma restore ediliyor ve önemli sergiler geliyor. Bunların bazıları İtalyan müzelerinin kendi zenginlikleri içinden çıkarılıyor, bir kısmı da dışarıdan geliyor. Roma'daki en önemli sergilerden biri "Rodin", Fransız heykeltıraşın orijinal eserleri Roma'nın 2 bin yılının çağdaş dünyada ne kadar etkili olduğunu gösteren bir başka kaynaktır.

Palatina Tepeleri'nin gurup vaktinin insana maziden verdiği huzur ve ihtişam; "Ben Roma'yım ve hâlen buradayım" dedirtiyor. "Siz çağdaş insanlar bizim yaşamımıza çok şey borçlusunuz" diyor. Tabii son on yıllarda Roma imparatorluk hayatını, kültürünü; ahlaksız konsüllerin, gaddar komutanların, kana susamış insanların seyrettiği gladyatör güreşlerinin dünyası gibi tanıtmak, yani Hollywood'un ucuzluğu ayrı bir sorundur. Bu ters tutumun arkasında Roma'yla çağdaş insanlığın arasındaki bağı kendince yorumlamak isteyen kilisenin çok büyük bir payı var. Biz imparatorlukların tarihini eğrisi ve doğrusu, akı ve karasıyla iyi öğrenmek ve öğretmek zorundayız, çünkü bunlardan biri de bizimkisidir. İstesek de istemesek de bilmek ve saygı duymak zorundayız.

SARDİNYA GÜNLÜĞÜ

Sardinya'da Sassari Üniversitesi'nin tertibiyle Büyük Konstantin üzerine bir sempozyum yapıldı. Tebliğler ilginçti. Malum; İstanbul'da iskân ve yapılaşma İmparator Konstantin'le başlamadı ama ne de olsa kurucu hükümdar sayılıyor. Şehir bugünlere kadar onun adını taşıdı. Osmanlı'da da resmî kayıtlar 20'nci yüzyıl başına dek "Konstantiniyye" diye giderdi. Konstantin hâlâ menkıbeyle tarihçiliğin atbaşı gittiği, aşırı eleştirel tarihçi değerlendirmesiyle imana yatkın bir portre çiziminin birlikte yürüdüğü bir alandır. Toplantıda da bunu görmek mümkündü.

Toplantı bittiği gün Sedilo adındaki yere, bütün adada, Konstantin için yapılan tek kilisenin etrafındaki at yarışlarına gittik. Sardinya Adası rüzgârlarıyla meşhur... Ama bu mevsim sıcak olduğu için kurutma makinesi gibi bir havada at yarışı seyredildi. Şayet çok profesyonel değillerse İtalyanların güzel atlarına usta süvari olabildiklerini söylemek bence güç... Ama anane bütün canlılığıyla devam ediyor. Kalabalığın içinde millî kıyafetleriyle gelen önemli sayıda kadın ve erkek vardı. Üstelik bu kıyafetlerin içinde yüzyıllarca en pahalı zanaatları (gümüş telkâri gibi) yaşatanlar büyüleyiciydi. İnsan toplum için geleneğin ne kadar önemli olduğunu böyle yerlerde anlıyor. Maalesef Türkiye'nin kasabaları, köyleri ve tabii şehirleri geleneği silkeledi, attı. Hiç Tanzimat'a ve Cumhuriyet'e dil uzatmayın; ananeyi hayatımızdan sessizce çıkaranlar son 30 yılın muhafazakâr hükümetleridir. Para ve görgüsüzlük, geleneğin güzelliğini götürdü.

İtalyan siyasetinin genel kalıpları Sardinya için pek geçerli değil derler

Sardinya 24 bin kilometreyi aşkın yüzölçümüyle bütün Akdeniz'in Sicilya'dan sonraki ikinci büyük adası ve üzerinde sadece 2 milyon kadar bir nüfus yaşıyor. Kıyılar, yüksek kayalarla ve falezlerle dolu, mağaralarıyla meşhur... Lakin Sardinyalılar uzun kıyıları değil, dağların nispeten daha serin havasını ve emniyetli yapısını tercih etmiş. Bu kadar az nüfusun içinde Latinceyi en çok barındıran bir İtalyanca ve Alghero gibi bölgelerde de Katalanca konuşuluyor; Alghero'da sokak isimleri iki dilde... Adanın en eski ahalisi Nuragilerdir. Nuragilerin dinleri ilginç görünüyor, dilleri farklı ve mimarileri daha da ilginç. Sardinya üzerindeki ilk emperyalist kolonizatörler Kartacalılar, onlara olduğu gibi, Romalılara da 800 yıl boyu pek itaatkâr davranmamışlar. Sardinyalılar, 1355'ten itibaren İspanya'nın idaresi altındalar. Adadaki üniversiteler bu devirde kuruldu. Veraset Savaşları'ndan sonra 1714'te Avusturya'ya geçti. İlginç; Avusturya ve Piyemonte Krallığı, Sicilya ile Sardinya'yı değiştirdiler. Sardinya, Piyemonte için merkezî bir krallık oldu. İstanbul'daki Sardinya Sefareti -ki bugünkü İtalya Kültür Evi'dir-, İtalya'nın temsil edildiği ilk binaydı; ondan evvel İtalya, Venedikliler sayesinde Venedik Sarayı'nda arz-ı endam etmiştir (Palazzo Venezia, Tomtom Kaptan Sokağı).

1861'de Piyemonte Krallığı iki İtalya'yı birleştirince Sardinya da Birleşik İtalya'ya girdi. Ne var ki bugün Avrupa Birliği'nin getirdiği federatif sistemi benimseyenlerin başında geliyor. Sardinya âdeta Kıbrıs Adası'nın özelliklerini taşıyor. Bitki ve hayvan örtüsünün bile benzerliğini söylerler. Her köşesinde kendine özgü bir lehçe var.

Tarihi boyunca Sardinya Adası'nın zengin mi, fakir mi olduğu tartışılır. Misafirperver bir halk olduğu açık... Siyaseti de kendi içlerinde yaptıkları bilinir. İtalyan siyasetinin genel kalıpları Sardinya için pek geçerli değil derler. Bizzat Gramsci gibi özgün bir komünistin çıktığı çevre olduğunu bilmek yeter. Her yerde olan haydutluk ve suç örgütleri bile İtalya'nın öbür taraflarından daha farklıymış. Bilim ve sanat alanında da daha özgün yapılanması var.

Sardinyalılar klasik Roma mirasından çok, adanın en eski sakinleri dilleri bilinmeyen Nuragilerin mirasıyla övünüyor. Sardinya'yı bir kere görmeye ve yazın sıcağında bile soğuk olan berrak sularında yüzmeye değer. Yalnız dikkat etmek lazım, Sardinya kıyıları her zaman rüzgârlıdır.

TÜRKİYE VE İTALYA

Türkiye ve İtalya ilişkilerinin 150. yılında, bu önemli dönem resmî program ve etkinliklerle kutlandı. Hiç kuşkusuz bu, İtalya Krallığı ve Osmanlı İmparatorluğu arasındaki ilişkilerin yıldönümüydü. Aslında İtalya ile Türkiye'nin ilişkileri bundan çok daha eskiye gider. Bizans zamanında Cenova ve Venedik'in İstanbul'da elçilikleri vardı. Venediklilerinkine "Balio" (Osmanlı'da "balyos" denirdi), Cenovalılarınkine de "Podesta" denirdi. Bunlar aynı zamanda başkentteki koloni halkının da valisi konumundaydı. Zira Pera denilen bölgede bu cemaatin hukuki, hatta para basma yetkisi vardı.

Dünyada büyük devletler içinde daimî temsilci denen kurumu İtalyanlar icat etmiştir. İtalyan devletleri arasında da böyle daimî temsilcilikler ve sefaret sarayları vardı. Mesela, Papalık nezdinde Roma'daki Venedik temsilciliği muazzam bir binada oturur. Palazzo Venezia, Mussolini'nin başbakanlık binasıydı. Bu kocaman yapının içinde Venedik temsilcisinin sadece kançılaryası ile oturacağını düşünmeyelim. Bina bugün bile sayısız salonlarıyla bir kültür merkezidir.

O devirlerde de Roma'daki Venedikli tacirlerin deposu ve ticaret yeriydi. Herhangi bir başkentte Venedik ve Cenova temsilciliğinin bulunması, o memleketin ticari itibarının olduğunu gösterir.

Bizans devrinde Venedik ve Cenova, ülkenin bütün ticaretine hâkimdi. Osmanlı döneminde ise bu eski devirdeki nüfuzları kırıldı. Fatih Sultan Mehmed'den itibaren bu İtalyan cumhuriyetlerinin doğudaki hâkimiyetleri darbe yemiştir. Akdeniz adalarında 16'ncı yüzyılda Kıbrıs'taki, 17'nci yüzyılda Girit'teki koloniler ile Fatih Sultan Mehmed devrinde Karadeniz'deki Cenova kolonileri Türklerin kontrolüne girmiştir.

Başka şartlar çok hâkim de olsa, Osmanlı fütuhatının İtalya üstünlüğünü ağır bir biçimde sarsmaya başladığı açıktır. Venedik, Türklerin kâh dostu kâh düşmanıydı. Ama iki kuvvetin karşı karşıya gelmesinden İtalya çok kaybetti. Nihayet 1803'te Fransa, Campo Formio Antlaşması'yla Venedik'i yuttuğu vakit, bu güngörmüş medeniyet merkezi, Adriyatik kraliçesi ortadan kalktı. O günün en etkili değişikliği de İstanbul'daki Venedik Elçiliği'nin Fransa tarafından ilhak edilmesidir.

Mütareke döneminde İtalya, müttefiklerine olan kızgınlığı yüzünden hem İstanbul halkıyla iyi ilişkiler kurmaya gayret etti, hem de Anadolu hükümetine el altından yardım etti. Cumhuriyet'in ilanından sonra büyük devletlerin içinde fazla itiraz etmeden Ankara'ya taşınan da İtalyan Elçiliği'dir. Bu, başkentin en güzel sefaret binasıdır ve bunun karşılığında Maçka'da bulunan ve bugün sanat okulu olan teknik lise âdeta terk edilmek zorunda kalındı. D'Aranco'nun bir Rönesans lahdi biçimindeki bu binası inşallah daha hoş ve güzelliğine hizmet edilir bir biçimde değerlendirilir.

İstanbul bilhassa 19'uncu yüzyılda göçmen İtalyanlarla doluydu. Beyoğlu'nun birçok binası İtalyan ustaların ve onların yetiştirdiği Rumların eseridir. Şehirde bu maddi kalıntıları dışında birçok dil ve âdet kalıntısı da vardır. Gemicilik terimleri dışında, İstanbul ve İzmir argosu da İtalyanca deyimlerle doludur. "Mantenuta" kelimesi, kapatma-metres karşılığı olarak "montinata" veya "manita" diye geçer. "Alırım façanı aşağı" diyen adamların bu kelimenin "faccia"dan geldiğini bildiklerini sanmayız. "Bu işin raconu böyledir" diyenler, kelimenin İtalyanca "raggione"den geldiğini belki bilmezler. Zaten argoda kaynağı bilmek diye bir sorun yoktur.

İtalya, Akdeniz dünyasında doğu ile batıyı birleştiren bir coğrafyadır. Venedik'te büyük kanalın bir tarafındaki Türk hanıyla karşı yakasındaki Alman hanı İtalya'nın ticaret hayatındaki rolünü de belirler. Buna rağmen Türkler tarafında bu hakikate değinen muhterem hocamız Şerafettin Turan ve Durdu Kundakçı'nın dışında göze çarpan bir eser yoktur. İtalyanların ise Türkiye ve İtalya ilişkileri üzerinde çok sayıda monografisi vardır. Hiç değilse bunlar çevrilmelidir. Bütün iktisat ve bankacılık terimleri İtalyancadır. Ancak son asırda İngilizce, İtalyancanın yerini almaktadır.

Bugünkü İtalya geçmişteki İtalya gibi değildir. Ama Batı Avrupa'dan çok daha açık ve makul ilişkilerin hesabını kollayan bir topluluk olduğu kesindir. Türk-İtalyan ilişkilerinin sadece iktisadi ve siyasi değil, kültürel bakımdan da önem arz ettiği, bu ülkenin diline ve tarihine dikkatle eğilmemiz gerektiği tartışmadan uzaktır. Unutmayalım ki ilk devir Osmanlı tarihi bile büyük ölçüde Vatikan, Floransa, Cenova ve bilhassa Venedik arşivlerinde yatmaktadır.

Katolik inancına mensup kitle kan kaybediyor

Roma Katolik Kilisesi bugün bir milyarı aşkın kişi veya ruhla en kalabalık dinî grup sayılıyor. Dikkat edelim, inananlarının sayısı itibarıyla bazı dinler bu rakamın önünde görülür fakat bu dinlerin mensupları arasında birlik yoktur. Mezhep ayrılıkları vardır; bir ruhani otorite veya mürşidin öncülüğünde birleşememişlerdir.

Oysa yerkürenin her tarafına dağılan Roma-Katolik mezhebine bağlı olanların, Hıristiyanlığın belli bir yorumu ve ruhani liderliği altında bir bütün teşkil ettikleri açıktır; hepsi Roma'daki papaya bağlıdır ve bu papa Tanrı'nın yeryüzündeki naibi sayılır.

Bağlılık şeklî değildir, her yerdeki rahipler belirli bir hiyerarşi içinde oradan tayin edilir ve dinin yorumu da kilisenin idaresi de dünyevi sorunlar da oradan yönlendirilir. Kilisenin inançtan doğan sorunlarının çözümü kadar mülklerinin ve bankalardaki mevduatın idaresi de Roma'nın elindedir. Ruhbanın içinde kendini kilisesine adamış güçlü hukukçu ve işletmeciler vardır. Ara sıra Fransa'daki kardinal veya Güney Amerika'daki bazı rahip ve piskoposların Roma'ya aykırı fikirler öne sürüp gerilim yarattıkları gerçektir ama uzun vadede Roma'nın yorum ve hâkimiyeti geçerlidir ve de hep öyle olmuştur.

Papalık, Roma İmparatorluğu yıkılınca İtalya'nın merkezi bölümünde ve o zaman Protestanlar olmadığı için bütün Avrupa'da ruhani, hatta siyasi egemenliğini kurdu. Bilhassa

Şarlman (Büyük Karl), Roma tacını papanın elinden giyince kilisenin dünya üzerindeki ruhani hakimiyeti taçlandı.

İşte bu noktada Konstantinopolis ile, yani Doğu'daki Roma İmparatorluğu ile gerilim de tırmandı. Yoksa İmparator Konstantin başlangıçta, 4'üncü yüzyılda, Roma'daki piskoposu Saint Pierre'i halefi olarak benimsemişti ve bu keyfiyet sonra Theodosius zamanında da böyle kabul ettirildi. Hatta 6'ncı yüzyılda bütün Roma'nın hâkimi sayılan İmparator Justinyanus; Konstantinopolis, Kudüs, Antakya ve İskenderiye patriklerine rağmen Roma'daki papayı eşitler arasında birinci ve Hıristiyan kilisesinin reisi olarak görmüştür.

Doğu Kilisesi ile çatışma Roma Katolikliğinin aldığı ilk yaradır; buna rağmen 15-16'ncı yüzyılların Protestanlığı, Roma Katolikliği için en büyük darbeyi teşkil eder. Kilise en verimli toprakları, en müreffeh, kalkınan ve eğitimi yükselen memleketleri kaybetmiştir. Protestanlık sadece Roma Katolik Kilisesi'nin değil, genelde Hıristiyanlığın son beş yüzyılda içine düştüğü krizin nedenidir. Buna rağmen bugün dahi en kalabalık cemaat ve Roma'nın yorumlarının hemen kabul edildiği en yaygın Hıristiyanlık Roma Kilisesi'ne tabi olan toplumlardır.

Kilisenin dili Latinceydi; 1960'larda Papa XXIII. Joannis'ten beri millî diller Latincenin yerini aldı. Katolik Kilisesi'nin merkezi Roma'daki Vatikan; zenginlik, anane, kültür ve bilimin insanların gözünü kamaştırdığı bir beldedir. Yeryüzünün nüfus ve alan bakımından en küçük devleti, âdeta büyük devletler arasında sayılsa yeridir. Papanın İsviçreli muhafızlarını Stalin "Papanın kaç askeri var?" diye küçümsemişti ama netice ortadadır; kilisenin 1970'lerdeki politikası Doğu Avrupa sosyalizminin çöküşünü hızlandırdı.

Devlet içinde devlet

Katolik Kilisesi, İtalya birleşip Giueseppe Garibaldi'nin kıtaları Roma'yı alana kadar devletti. O tarihte Birleşik İtalya Krallığı Tanrı'nın yeryüzündeki devletini siyaseten ortadan kaldırınca papa küstü ve şehirdeki asıl kendi piskoposluk kilisesi olan San Giorgio Di Laterani'ye çekildi ve Katolik âlemini buradan yönetti. Devlet içinde devletti.

Halkı kazanma konusunda bazen başarılı politikalar izleyen Benito Mussolini bu devletin adını koydu. Yeryüzündeki kutsal devlet denilen Vatikan, kilise ile faşist devlet arasında imzalanan Lateran Antlaşması'yla doğdu. Roma'da her devletin iki büyükelçisi vardı. Vatikan'a akredite olan Roma büyükelçisi pek azdır.

İtiraf etmek gerekir, laik ilkelerimiz yüzünden bir müddet iltifat etmediğimiz bu devleti II. Cihan Harbi'nden sonra biz de tanıdık. Ama Vatikan'la hâlâ ne ölçüde ve ne yönde ilişki yürüteceğimizi, sorunları nasıl çözeceğimizi pek bildiğimiz söylenemez. Kısacası biz Vatikan denilen camiayı iyi tanımıyoruz.

Vatikan dünyanın en mükemmel müzelerine sahiptir; diğer Avrupa ve Amerika müzelerinin aksine yağmacı değildir ve hırsızlık malına itibar etmez. Uzun asırlar satın alma ve bağışlarla zenginleşmiştir. Katolik rahiplerin içinde birinci sınıf arkeologlar vardır ama kaçak kazı yapmazlar. Bu müzelerde teşhir düzeni ve müzecilik eğitimi yüksek düzeydedir.

Yeryüzünün en eski düzenli arşivi Papalığınkidir. Daha evvelki yüzyıllara ait belge tomarları olmakla beraber; Papalığın 1135'ten itibaren düzenli ve sürekli belge fonları vardır. Bu rapor ve yazışmalar ön planda Eski Dünya'nın ve keşiften sonra Amerikaların tarihini aydınlatır. Ama aydınlatacağı asıl saha, bizim erken Türkiye tarihimizdir, yani Selçuklular ve ilk Osmanlılar devri. Vatikan arşivlerini Türk araştırmacılar okumadıkça bu sorun çözülemez.

Papalık devletinin tarihi, etkin ve bilgili diplomasinin tarihidir. Rahiplerin, bilhassa yüksek rütbelilerin davranışı ve bilgisi hayranlık uyandıracak düzeydedir. Bu, iyi bir eğitimin köylü çocuğundan dahi âlim ve aristokrat yaratabileceğinin ispatıdır. Bir eşi ancak Osmanlı İmparatorluğu'nun saraydaki Enderun Mektebi olabilir.

Devletin rahip yetiştiren akademisine "Gregoriana" denir. Bu akademinin laik din bilgini yetiştiren bölümü de ünlüdür. Rum-Ortodoks Patriği Bartholomeos burada eğitim gören ilk Ortodoks rahip olsa gerektir.

Kuşkusuz, Papalık arazisi olan Vatikan gibi büyük uygarlık merkezinin ve Katolik âlemin de zaafları vardır. Sözünü ettiğimiz gibi, Hıristiyan âlemin parçalanması dışında, Katolik inançlı kitle kan kaybetmektedir. Aslında Protestanlık gürültü çıkarmadan önce dinde reform sorununu Papalığın kardinalleri tartışıyordu. Uygulamada geç kalmışlardır.

Buna karşılık 19'uncu yüzyılın ikinci yarısında ortaya atılan "Papanın yanılmazlığı" doktrini modern dünyanın kiliseye muhalif akımlarını güçlendirmekle kalmamış, bazı değerli rahip ve gruplar Katolik Kilisesi'nden ayrılmıştır. Bizzat Osmanlı İmparatorluğu'nun ünlü bilgili ve yetkili Ermeni Patriği Ormanyan Efendi de Katolik Kilisesi'nden ayrılıp Ermeni Gregoryan Kilisesi'ne geçen rahiplerdendi. Bugün birçok Katolik kiliseye devam etmiyor, çocuklarını vaftiz ettirmiyor.

Yakın zamanlara kadar Katolik tarih anlayışı Avrupa dünyasının zihinlerini meşgul etmişken, şimdi ona tepki mahiyetinde olan görüşler revaçtadır. Bunların bazıları ise maalesef sadece slogan düzeyindedir. Bazı küçük gruplar din değiştiriyor. İspanya'da Kurtuba'da katedrale çevrilen ünlü mescitte namaz kılmak için mücadele verenler Kuzey Afrika'dan göç edenler değil, Katolisizmden ihtida eden yerli İspanyol Müslüman gruplardır.

Güney Amerika ve Afrika'da Ortodoksluğa dönenlerin sayısı artmaktadır. Kuvvetli görünen bütün kurumlar gibi Katolik Kilisesi'nin de zaafları vardır. Dünyamızdaki bu yaygın inancın ve güçlü kurumun her yönünü bilmek ve gözlemek lazımdır. Kullandığımız bu takvim de papalardan Gregor'un düzenlemesidir.

İSPANYA

ENDÜLÜS

Kaybolan eski Yunanistan, 6'ncı asırda Mezopotamya'da bugünkü Süryanilerin atalarının, yani Aramca konuşup yazan halkın hafızasında, tercümelerinde yaşamaya ve gelişmeye devam etti. Yunan uygarlığı 9 ve 10'uncu yüzyıllarda Arapça gibi zengin yapılı bir dile sığındı ve gelişmesini sürdürdü. Endülüs ilk çağın bu muhteşem mirasını işledi ve kalabalık Yahudi cemaati aracılığıyla Latinceye devretti. Bizans'ın yıkılmasıyla Batı'ya taşındığından söz ettiğimiz Yunan mirası, aslında çok önceden Endülüs tarafından Avrupa'ya tanıtılmıştır. Papa olmadan önce II. Sylvester gençlik döneminde ve kendisi gibi akıllı gençler Endülüs'te aldıkları eğitimin nuruyla Avrupa'nın verimsiz Ortaçağ'ını aydınlattılar. Matematik, fizik, kimya, tıp ve astronomi Aristoteles felsefesinin eleğinden geçti ve ünlü Averoest, yani İbn-i Rüşd ve Yahudi Maimunides, Kurtuba'nın dünyaya iki hediyesidir. Daha evvelki hediye ise Romalı filozof Seneca'dır. Kurtuba, Floransa, İskenderiye, Bağdat... Bu liste uzayıp gitmez; sadece bazı şehirlerin beşeriyete takım takım filozof ve bilgin yetiştirmeleri hiç tesadüf değil; tıpkı Viyana ve Prag'ın beşeriyetin müzik beldeleri olması gibi.

Her şey sürekli olumlu gitmez; 12'nci yüzyılın Mağribi bağnazları Endülüs'ün bu ışıltılı dönemine son verdi. Ardından da kuzeydeki İspanyollar yavaş yavaş dirilip Endülüs'ü ele geçirmeye başladılar. Yaklaşık 250 yıl süren "Reconquista", yani yeniden fetih hareketi, pek öyle aslan kükremesine benzetilemez. Hıristiyanlar ve Müslümanlar arasında işbirlikleri, ihanetler ve savaşlara rağmen garip birliktelikler göze çarpar. Mimari devam etti, sanatlar yaşadı, zamanla Endülüs'ü terk etmek zorunda kalan Müslümanlar da Kuzey Afrika'da bu ülkenin tarihi ve hikâyeleri ile yaşadılar, İbn-i Haldun gibi bir dâhi de bu muhaceret ortamının çocuğudur. Endülüszedeler, kendi medeniyetlerinin Kuzey Afrika'dan geçen bağnaz kabileler elindeki yıkımını çok konuştular; İbn-i Haldun'un tarih teorisi ve sosyolojik gözlemleri de bu ortamdan etkilendi.

İbn-i Haldun o ülkenin verdiği mantık ve araştırma kültürüyle de bütün kavimlerin tarihini okudu ve öğrendi. Sadece Arapların değil; Romalıların, Türklerin, hatta zamanın hahamlarının da bilmediği Yahudi tarihini Flavius İosephus gibi Roma devri Yahudilerinin eserlerinden okudu. *Mukaddime* eskimeyen bir klasik ama onun giriş yaptığı, *Kitabu'l-Haber* adıyla kaleme aldığı umumi tarih de o derecede değerlidir. 1492'den sonraki İspanya, Yahudilerini ve Araplarını, yani işe yarayan üretken nüfusunu sürdü ve öldürdü. Bunlar en çok Osmanlı'ya sığındılar. İstanbul, Selanik ve Rumeli'nin ücra şehirleri Kastorya ve Akdeniz adaları şenlendi, İspanya ise Amerika'dan yağmaladığı altınlara rağmen, mal üretemediğinden tarihte enflasyon canavarına teslim olan ilk ülkedir.

Birkaç yüzyıl süren bağnazlık artık tavsıyor, bugünün İspanya'sı Endülüs mirasını yarı turizm, yarı yarıya kültür merakıyla değerlendirmeye başladı. İhmal edilen binalar restore ediliyor, müze hâline getiriliyor ve ziyarete açılıyor. Mısır'ın üniversiteleri ve tarihçileri İspanya ile yakın bir araştırma işbirliği, eğitim ve öğretim faaliyeti içinde... Biz de Elhamra gibi müzeler ve Topkapı Sarayı arasında işbirliği yapmalıyız. Gerçi bir yandan çocuklar için hazırlanan kitaplarda dahi Endülüs Arap medeniyetinin ne kadar yetersiz ve yanlış öğretildiği görülüyor ama üst düzey okumuşlar arasında bir başlangıç var. Bu zümre işi daha da ileri götürmüş, İspanya'da 20 binin üzerinde ihtida eden Müslüman olduğu söyleniyor, İspanyollar tarihe düşkün bir toplum ve İspanya'nın Doğu dünyasına bakışını Basklıların ve Katalanların paylaştığı söylenemez. Demokrasiyi bu kadar geç ama rahat sindiren bir topluma gıpta etmemek mümkün değildir.

Bugünün İspanya'sı gerçekçi; ciddi ve verime yönelik politikalarıyla Avrupa Birliği'nin desteğini Yunanistan gibi üfürmedi, verimli alanlara yatırdı ve zenginleşti. Hele Katalunya gibi eskimiş sanayi bölgelerine sahip bir ülke yeni dönem sanayi medeniyetine intibak edebildi. Zengin İspanya'nın gerçekçiliği politikalarına da yansıdı. Politikacıların yakınlaştırıcı tutumunu biliyoruz ama müze uzmanları dahi Türkiye ile işbirliğinden ve gelecekteki beraberlikten söz ediyor. Galiba Akdeniz milletleri geleceklerinin inşasını kuzey kıyılarındaki devletlerin yakınlaşmasıyla gerçekleştirecekler. Buna inanmaktan başka çare yok.

İspanya yolunu buldu, tarihinin en düzgün asrını yaşıyor. Bu nedenle de Avrupa'nın iki senyörüne, yani Fransa ve

Almanya'ya onları takip etmeyeceğini; ayrı iktisadi çıkarları olduğunu göstermek istiyor. Irak Savaşı bu meydan okuma için uygun alan ve uygun zaman oldu. Doğrusu Avrupa'nın en köklü devlet ve diplomasi geleneğine sahip bu ülke durumu iyi değerlendirdi. Madara olan Fransa ve Almanya'ya katılmadı. Kendine göre kurnazca bir politika izledi. Sokaklarda protesto eden kalabalıklar şimdi medyada başka nutukları dinliyor. İspanya ise başkalarının kavgasından iktisadi çıkar sağlayacak. Teknoloji bilgisi ve sanayii ile Avrupa'da öne geçebileceğine inanıyor. Eğitim kurumlarının ise İngiltere'nin aksine pek parlak olmadığı söyleniyor. Yüksek tahsilin çöküşü Avrupa kıtasının genel hastalığı... Bu hastalıktan uzak durmamız lazım. İspanyol nüfusu da yaşlanıyor. Bizde sanıldığının aksine İspanya'nın etnik sorunları çözülmez boyutta değil; Basklar 1,5 milyon kadarlar ve dünyaya açılımları, dil bilgileri İspanyollardan önde... Bask ülkesi, İspanya'nın eskiden beri sanayileşmiş kesimidir. Katalunyalılar da dünyaya açık, tüccar bir kavim... Aslında İspanya'nın Akdenizli kesimi Katalanlardır. Ayrılıkçılık hâkim olmadığı gibi toplumsal sorumluluk duyguları var. Bu yüzden İspanya talihli bir ülke sayılır.

Avrupa Parlamentosu'ndaki İspanyol mebuslarının katıldığı ve Avrupa Parlamentosu Başkanvekili Vidal Quadras'ın yönettiği kapalı toplantıda; "İslam ve Türkiye'de İslam"ı tartışıyoruz. İspanyollara has kibar bir üslup hâkim... Ama İspanyol politikacıların ve tarihçi meslektaşlarımızın bence temel bir yanlışı var; insanlığın kurtuluşunu laiklikte görebiliriz veya aksini düşünebiliriz. Ama İslam'ı sadece bağnazlık, kendi dinini ise bir kültür çevresi ile tarif edip asri medeniyetin öncüsü olduğunuzu düşünürseniz ve 20'nci yüzyıldaki refahınızı dininizin "esnekliğine" (!) bağlarsanız, tarihî realiteyi inkâr etmiş olursunuz, kavga devam eder. İslam, fundamentalist gruplar üreten bir din dediğiniz zaman, on tane Müslüman fundamentalist grubun bir Katolik Opus Dei Örgütü'nün gücüne ve etkinliğine sahip olmadığını bilmeniz gerekir. Katolik toplumların seçkinlerini toplayan; Papalık ve millî hükümetler arasındaki bağları kendine göre yöneten böyle bir kuruluş İslam dünyasında henüz yok; kurulmasına ve gelişmesine biraz da boşuna çalışılıyor. Ortadaki Rabıtatu'l-Alemu'l-İslam gibileri ancak Opus Dei'nin güneşte kurutulmuşu olabilir. Dindar olsun ya da olmasın, kimse kimliğinden fedakârlıkta bulunmak istemez, bulunmasın da zaten. Ama kendi dinî kimliği ile övünüp öbürünün kimliğini aşağılamayı ve kendi dininde mistisizm ve akide diye yücelttiği unsurları öbürününkin de tehlikeli yobazlık belirtileri diye yaftalamayı kimse kabul edemez. Bu şartlarda 11 Eylül havası da dağılamaz. İslam patriarkal bir din denildi. Hangi semavi din bugünün çağdaş denilen niteliklerine sahip? Bunların hepsi bir laf salatasıdır. 20'nci yüzyılın muğlak kavramlarıyla 2 bin yıllık inançları değerlendirmek ne kadar sağlıklı sonuç verir? Engizisyon mahkemeleri çoktan kalktı ama mütekebbir bir akide insanların zihninde yaşıyor ve herkes birbirini itham ediyor.

Fakat İspanyollar için Türkiye sempatik ve kendine benzeyen bir ülke... Kafkaslardaki Gürcistan'da da Türkiye aynı imaja sahiptir. Akdeniz'in binlerce mil ucundaki bu ülke Türkiye'ye birçok Orta ve Kuzey Avrupa ülkesinden daha yakın... Kanlı bir iç harbin, acılı tarihin ürünü olan modern İspanya, Ortega y Gasset'nin deyişiyle bu "bel kemiksiz ülke" bize ibret olmalı. Aynı akıbete uğramamak için bazı kurum ve ilkelere dikkat etmemiz lazım. Avrupa'daki siyasi ve hukuki konsüllerin değil; kendi toplumsal, tarihî mirasımızın gösterdiği yolu izlemeliyiz. Bu zorunluluğu da yine en çok İspanyollar anlıyor. İspanya, Yahya Kemal'in dönemindeki gibi zil, şal, gül, mistisizm, politik kavga dünyası değil. Belki artık özgünlüğünden kaybetmiş, yorgun bir tarihin nekahet devrini atlatmış, bizim tanımamız gereken bir yer...

İspanya zil, şal ve gül müydü?

İlk gittiğimde 1970'li yılların başı, Franco rejiminin son zamanlarıydı. Vitrinlerde Marksist kitaplar bile vardı. Şaşmıştım ama dediler ki; bir düğün yemeği için 15-20 kişi davet edilse polise bildirmek gerekiyormuş. Üç kişinin bir araya gelip cemiyet kurması meseleymiş. Ortalık durgun, temizdi: Lonca sisteminin şiddetinden dolayı esnaf kazığı bile yoktu. Her şeyde anane vardı. Her yerde özgürlük değil ama özgünlük hükmediyordu. Dışarıdan hoş görünüyor, içi de herhâlde onları yakıyordu. Hayat ucuzdu; Avusturya'dan aldığım talebe bursu ile uzun bir tren yolculuğu yaparak gelmiştim. Rahatça gezebiliyordum. Avrupa Konseyi devriydi. Pasaportumuzla her yerde vizesiz veya kolay vize alarak gezebiliyorduk.

İkinci gidişimde anane hâlâ yürürlükteydi. Tesadüf oldu. Cambridge'de Osmanlı Etütleri Kongresi'ndeyken telefonla davet ettiler. Doğrusu İngiltere'deki kongreden otobüsle döneceğime, televizyondaki "La Clave" programının cömert daveti iyi gelmişti. Madrid'deki Palace Hotel elan 20'nci yüzyıl başı İspanya atmosferini yaşıyordu. Amerikanizm gelişiyordu. Zamanla bu otel de Sheraton oteller dizisine dâhil oldu. Franco ölmüş, işsizlik ve demokrasi patlamıştı. Birbirini tanımayan

İspanyollar bir aradayken politika konuşmazlardı. Başları derde gireceğinden değil; iç savaşın utancı 50 yıldır sürüyor ve sağla sol laf dalaşına girmemeyi tercih ediyordu. Teke tek konuşunca herkes hızlı solcu veya şedit Frankist idi.

İspanya güzeldi, İspanya gençti. İspanyollar umutluydu ve hâlâ savaşan babaları gibi naifti. Sonra birkaç kere daha gittim. Her seferinde daha zenginleşmiş buldum. "Madrid'in sokaklarında gece dolaşma" dediler. İspanya uyuşturucu trafiğinin merkeziydi ve millî gelir miktarına ilave bir kara para dolaşıyordu. Dünyaya açık mı kapalı mı anlayamadığım bir ülke idi. İspanyollar yine yabancı dil bilmiyordu. Bu işi Basklılara ve Katalunyalılara bırakmışlardı. Bilgisayar programcılığı, mühendisliği gibi yeni işler Basklılara, ticaret ise Katalunyalılara aitti. İspanyollar memurdu ve entelektüeldi. Öğlene doğru işe gidiyorlardı. Tapaslar ve restoranlar gece 23.00'te kalabalıklaşıyordu.

Şimdi ise çoğu yer o saatte kapanıyor. İnsanlar daha erken yatıyor ve daha erken, yani saat 10.00'da işbaşı yapıyorlar. Gerçi ehliyet ve iş çıkarma yeteneği fark etmemiş ise de İspanya millî geliri 10 yıldır ikiye katlanıyor. Sanayiyi geç kurmanın getirdiği avantajla yatırımları iyi planlama bir arada gidiyor. Hiç çalışkan değiller ama işler iyi planlanmış. AB'ye girince gelir kendiliğinden artmıyor; hiçbir şey havadan gelmez, bunu içimizdeki bazı hayalperestlerin anlaması lazım.

Amerikanizm, İspanya'yı da sarmış. Boşanan çiftler artmış, boşanamayan çiftlerin cinayetleri de. Nüfus artmıyor, genç sayısı azalmaya başlamış. Fransa ve İngiltere'nin aksine göçmen nüfus Güney Amerika'dan geliyor. Bir İspanyol tanıdığım, "İspanyolcaları bizimkilerin İspanyolcasından güzel. Hiç değilse bu kazancımız var" dedi. Madrid, Barcelona ve Valencia sokakları gece boşalıyor. Millet artan gelirleriyle güzelleştirdikleri evlerine kapanmayı tercih ediyor. AB'nin zenginleşen Akdeniz kanadı ile zengin Cermen kanadı arasında sürtüşme başlayacak. Bağdat Savaşı'nda farklı tutumlar takınmanın ve hasım takımları tutmanın nedenlerinden biri budur.

BARCELONA VE MADRİD

Barcelona Akdeniz Etütleri Enstitüsü'nün yetkilileri de ziyaret ettiğim müzeciler kadar medeniyetler birliği projesinden söz ediyor, İspanyollar tahminimin ötesinde Jose Luis Rodriguez Zapatero ve Recep Tayyip Erdoğan işbirliğinden ümitli...

Gerçek şu; ülke yöneticilerinin Türkiye'ye yaklaşımı ne ise seçmenler de ona uyuyor. Dolayısıyla İspanya'daki olumlu yaklaşım kadar Almanya ve Hollanda'daki olumsuzluğun sorumlusu da yöneticiler... Katolisizmin kalesi olarak bilinen İspanya dinlerin düşmanlığından çok, medeniyetlerin birliği sloganına yaklaşıyorsa gelişme de böyle olur. Tarihi yapanlar insanlar ve kitlelerdir. Bunun dışında metafizik yönlendiriciler aramak boşuna.

İspanyollar Akdeniz'in birlikteliğinden söz ediyor. 1980'lerdeki bir UNESCO toplantısında, o zamanlar 30 yıldan beri parlamento üyeliği ve bakanlıklar yapmakta olan İtalya'nın ilginç kadın politikacısı Tuglia Romagnoli, "Bütün kabahat Fransa'nındır. İspanya, İtalya, Türkiye ve Yunanistan'ın önüne düşüp bir Akdeniz birliği kuracağına Almanya ve Benelüks blokunun peşine takılıyor. Bedelini kendi ödeyecek" demişti.

O gün Akdenizlilik politikasının pek de romantik bir özlem olmadığını düşünmeye başlamıştım. Doğrudur, benim gençliğimde bu bir entelektüel özlemdi. Artık değil. Son 40 yılda İspanya uzun, sancılı tarihini çok iyi değerlendirdi. Sanayiini geliştirdi. Çağdaş dünyanın şartlarına uyum sağladı. Portekiz bile bir ölçüde bu gelişmelere ayak uydurdu. İtalyan sanayii ise İngiltere ve Fransa'dan daha güçlü, Doğu Akdeniz'de Türkiye her daim hamleler yapıyor ve Ortadoğu'nun çekim merkezi olacağı açık... İspanya, İtalya, Türkiye, Yunanistan ve Dalmaçya sahillerindeki cumhuriyetlere yakın gelecekte İsrail ve Lübnan'ın katılması gecikmeyebilir.

Şurası bir gerçek; dinamik nüfusu ve yapısal değişmeleriyle Kuzey Akdeniz, Kuzey Avrupa'dan daha ilginç ve ümit verici olmaya başladı. Hatta az gelişmiş diye bakılan Güney Akdeniz bile birçok üçüncü dünya ülkesine göre daha dengeli bir nüfus artışına sahip...

Akdeniz'in genç nüfusu bütün sorunlara rağmen bir ölçüde eğitilebiliyor ve sağlık sorunları çözülebiliyor. Yani işe yarar nitelikte üretime hazır bir nüfus var. Ama çevre sorunlarının büyüyen heyulası herkesi korkutuyor. Akdeniz dünyasının maruz kaldığı korkunç kirlenme Akdenizlilerden başka kimseyi ilgilendirmiyor ve ancak onların işbirliği ile önlenebilir.

Bu işbirliği de hayır cemiyetleri gibi kurulan toplantılardan ibaret bir süreç olamaz. Sanayinin ortak hareket etmesi, ortak planlama tedbirleri, hatta güvenliği içeren bir yapılaşmaya geçilecektir. Kısacası bir zamanlar entelektüel hayali olan Akdenizlilik, istesek de istemesek de hayatın gerçeği ve zorunluluk hâline dönüştü.

Barcelona şu günlerde bile hoş bir bahar havası yaşıyor. Paris'e değil, İtalya ve Londra'ya alternatif bir moda merkezi; müzelerin güzellik ve örgütlenmesini hasetle izledim. 19'uncu yüzyıl ve 20'nci yüzyıl başının Barcelona'sı Küba ve Karayipler'de çalışan köle çiftliklerinin yarattığı bir zenginlikle muhteşem bir güzelliği yaratmıştı. Tabii bu süreç kolay bir hükümle açıklanamaz. Antonio Gaudi ve onun gölgede bıraktığı bütün büyük Barcelonalı mimarların hepsi, mistik bir sabır, gayret, tabiatı ve tarihi özümseyen hafıza ile inci gibi binaları yaratmışlardı. Burjuvazi gösterişi seviyordu, çok zor hayatlar yaşayan işçi sınıfı da I. Enternasyonal'in Marksizminden çok Proudhon ve Bakunin anarşizmini izlemeyi tercih etmişti.

Uzun, ince, kanlı yol bugünkü müreffeh Katalunya'yı yarattı. Yeni reformlar doğrusu İspanyolluk ile onulmaz bir çatışmayı hafifletmiş gibi... Katalunya, İspanya'nın diğer bölümlerine göre daha Akdenizli, en azından İspanyolca bilmeden Fransızca, İtalyanca, İngilizce gibi dillerle yaşamak ve kültürel diyalog kurmak mümkün. Şehirdeki Katalanlık kırsal bölgedeki İspanyolluk kimliği karşısında pek söz geçiremiyor. 3 milyonluk Madrid acaba niçin 1 milyonluk Barcelona kadar renkli ve çekici değil? Çünkü daha yorucu ve güzellikler daha tesadüfi biçimde oluşmuş.

Barcelona'nın klasik güzelliğinin, kitle turizminin getirdiği bayağılıkla nasıl baş edeceğini bilemiyoruz. Ama İspanya ile Türkiye'nin turizm yakınlaşması da sevindirici... Toplumlar önce 15'inci asırdan beri tarihî yapılarında yeri olanlara yanaşıp onlarla kaynaşmalı.

İspanya artık Türkiye'yi daha ciddi değerlendiriyor. Avrupa'nın kuzeyine karşı bizim Akdeniz sanayi ülkeleri içinde yer almamızı istiyor. Bir kongre için gittiğim Barcelona'da bunu gördüm. Palau de la Musica, Barcelona'nın 20'nci yüzyıl başından kalma en önemli mimari eserlerinden... Modernist mimarinin öncülerinden Lluís Domènech i Montaner'in yarattığı bu müzik salonu bir çiçekçi dükkânını kıskandıracak kadar çiçek motifleri ve heykelciklerle donanmıştır.

Salvatore Adamo'nun konseri tıklım tıklım dolu... Yaş ortalaması 60 olan dinleyiciler onun müziğiyle hafif hafif salınıyorlar. Ben de... Barcelona Avrupa değil, ama hayallerdeki eski Avrupa orada yaşıyor. Katalunya için İspanya'nın içindeki Akdeniz derler. Ama Akdeniz limanlarına has çapaçulluğun görünmediği açıktır. Alışılmamış manzaralardan biri de 50-60 yaşındaki çiftlerin hafta sonunda belirli dans kulüpleri önünde kuyruk oluşturmasıdır.

Katalunya 6,5 milyon nüfusa sahip... Bu nüfusun 1,6 milyonu, merkez Barcelona'da yaşıyor. Katalanca İspanyolcadan ayrı bir dil, hatta yapısı itibarıyla Fransızcaya daha yakın olduğu tekrarlanır.

Burası İspanya'nın sanayileşmiş bir bölgesi... Mazide anarşist siyasi hareketiyle ünlüydü. Barcelona'ya; müzik, Gaudi'leri ve diğerlerini çıkaran modernist mimarinin merkezi ve anarşist bombalı saldırıların şehri denirdi. Oysa Avrupa tarihinde bilinen başka ilkleri var: Temmuz 1837'de çıkarılan Mendizabel Kanunu'yla kilise topraklarının hepsi özelleştirildi.

Juan Alvarez Mendizabel gibi liberal bir devlet adamının yaptığı bu toprak reformuna kilise karşı çıkamadı ama sonraki toprak reformlarının hiçbirinde görülmeyen bir ihtiyatlı politika ile Katalunya endüstrileşme yolundaki en önemli aşamayı tamamladı. Barcelona bütün ülkeden gelen işçilerin, mühendislerin bölgesi, o nedenle herkes Katalanca konuşuyor değil; oysa şu anda devlet okullarının hiçbiri İspanyolca eğitim vermiyor. Bu yüzden özel okul parası veremeyen alt orta sınıf çocuklarının anadili İspanyolca ise, Katalanlaşmaları kaçınılmaz. General Franco'nun zulmünü çeken bir ülkenin yeni dönemde bu gibi tepkileri de gözden kaçmamalı.

Unutmayalım; "Osmanlı İmparatorluğu'nun ilk kapitülasyonlarını Kanuni Sultan Süleyman Han'ın Fransızlara bahşettiği" ifadesi okul kitabı yanlışıdır. 1517'de Yavuz Sultan Selim Han Kahire'ye girdiğinde kendisini karşılayan Akdenizli tüccar kolonisinin seçilmiş konsolosu olan Katalan temsilcinin elindeki Memlûklardan kalma kapitülasyon beratlarını tasdik etmiştir.

Hâlen de Türkiye ile ticaret iyi gidiyor. AB blokuyla olan dış ticaret üstünlüğünü ABD, ardından Türkiye izliyor. Son iki yılda Türkiye ile dış ticaretin yüzde 24 oranında arttığını önemle belirtiyorlar. Bu ülkenin dış ilişkilerinden sorumlu politikacısı Albert Roya; "İstanbul gibi bizim ülkemizin iki misli nüfusa sahip bir yeri görmezlikten gelemeyiz, birlikte çalışmalıyız. Bütün Ortadoğu ve Balkanlar bölgesindeki sorunların çözümü için bu işbirliği örnek olacaktır. İktisadi-ticari gelişmemizi, siyasi ve kültürel alanlarda sürdürmeliyiz" diyor.

Sokağa çıktığınızda Avrupa'nın en eski planlı beldesiyle karşı karşıyasınız. Kitapçı vitrinleri okuma düzeyini gösteriyor. En Avrupalı bölgenin Türkiye'ye bu yakınlığı duyması Türkiye'nin bazı müttefiklerinin, hatta kendi aydınlarının anlayamayacağı meziyetlere sahip olduğunu gösteriyor. Açıktır ki kusurları kadar meziyetleri olan ve kendini yenileyebilen bir ülkeyiz.

Kuşkusuz Akdeniz birliği bugün için henüz alternatifsiz bir kuruluş sayılamaz ama istikbali olan bir gelişme, en azından Kuzey Avrupa'nın manasız baskılarına karşı bir güvencedir.

Katalunya'da ayrılıkçı grupların reyi yüzde 16 civarında... Şurası açık ki; yüksek üretimi ve dengeli tüketimi olan bir toplumda huzur ve barışa çok önem veriliyor.

Avrupa'da bir liderlik krizi var; Barcelona merkezli beynelmilel Akdeniz Etütleri Enstitüsü'nün tertiplediği ve bizden de Prof. Dr. İlter Turan, Prof. Dr. Refik Erzan, Şahin Alpay, Hasan Cemal ve Bahadır Kaleağası gibi konuşmacıların katıldığı toplantıda Katalunya bölge başkanı bu problemi vurguladı. Kuzeyin hegemonyasına karşı Türkiye, Akdeniz sanayi ülkeleri içinde yer alması istenen bir üye olarak görülüyor. Gördüğüm kadarıyla, Türk konuşmacılar bazı çevrelerin aksine, çaresizlik içinde AB'ci bir üslup kullanmadılar.

Türkiye'de aydınların gittikçe şartlara ve gerçeklere daha uygun bir söyleme başvurduğu anlaşılıyor, İspanya ve İtalya gibi iki ülke de Türkiye'yi daha ciddi değerlendiriyor.

Çizdikleri Türkiye manzarası da gerçekçi ve dengeleyiciydi. Şüphesiz 1967'nin Avrupa dünyası ile 2007'nin Avrupa'sı aynı olacak değil. 1967'nin Türkiye'si de iyisi ve kötüsüyle 40 yıl sonra hatırlanmayacak kadar değişti.

ALMANYA

Almanya tarihte dağınık toplulukların coğrafyasıydı. Alman denilen kimlik, eski Yunan siteler ve Helen Adaları veya eski Arap kabileleri kadar dâhi bir birlik ifade etmezdi. Siyasi Alman Birliği'ne Ortaçağlardan beri "Mukaddes Roma Germen İmparatorluğu" denilirdi. Yani Voltaire'in hınzır zekâsıyla "Ne Mukaddes ne de Roma İmparatorluğu, sadece bir alay Alman" dediği birliğin içindeki serbest şehir ve prenslik sayıca kalabalıktı. Avusturya'nın bir yanı birlikteydi, öbür yanı ise birlikle itişecek politikalar güderdi. Eyalet eyaletle, manastır manastırla bir savlet (saldırı) ve münaferet içindeydi. Daha garibi bu hantal, yumuşak gövdenin başındaki Habsburg hanedanı, yani Avusturya büyük dukaları da hep Alman imparatoru seçilirdi. Bizim mektep tarih kitaplarımızda 16 ve 18'inci asırlar boyu savaştığımızı tekrarladığımız Avusturya İmparatorluğu (böyle bir siyasi terim ve unvan o zaman yoktu) Almanya'nın ve Alman İmparatorluğu'nun ta kendisidir. Demek ki tarihî Türk-Alman dostluğu boş bir laftır. Bu, Alman birliğinin kurulmasıyla Bismarck ve II. Abdülhamid arasında oluşan dostluktan ileri gelir. Berlin Kongresi sonrası II. Abdülhamid bu ittifakı kurnazca dışarıya karşı kullanıyordu. Mamafih Jön Türkler bu kadar kurnaz değildi; nitekim Alman dostluğu I. Cihan Harbi'ne ait abartılı bir slogandır, bunun o zaman nasıl işlediğini günden güne daha iyi öğreniyoruz. 1933'ten sonra Hitler Almanya'sının zulmünden kaçan Alman aydınları (ki bunlar dünya çapında insanlardı) önce burada, sonra Amerika Birleşik Devletleri'nde bilimsel bir Rönesans başlattılar. Alman'dan göreceğimiz nimet de yurdundan kovulan bu muhterem muhalif aydınlar sayesinde oldu. Bruno Taut'u, Landsberger'i, Eberhard'ı, Frank'ı, Süssheim'ı, Hirsch'i, Zuckmayer'i hiçbir zaman unutmayız. Bugün dünyanın sanat merkezi olan New York'taki Metropolitan Sanat Müzesi, Alman Yahudi göçmenleri sayesinde doğup gelişti.

Almanya bugün Orta Avrupa ve Balkanlara, yani eski kültürel, iktisadi, siyasi nüfuz alanına iniyor. Polonya, Çekya, Macaristan, Bulgaristan; Avrupa Birliği'nden çok Almanya'nın otağına giriyorlar. Bu ülkelerin aydınları, Alman hayranlıkları ve aksanlı Almancalarıyla onları bekliyor. Ama Balkanlarda kendisine sempati duyulan biri daha var: Bu, iktisadi yönde güçlü bir ülke olmasa da, kültürel bağlarıyla onlardan olan biri, yani Türkiye. Nihayet aynı durum Kafkasya'da söz konusu; Gürcistan'da Almanlar var, ama aynı yerde ticarette, diplomaside, hatta kültürel hayatta ülkenin bünyesiyle daha bir uyum içinde olan Türkiye de var. İki ülkenin bu alanlarda müttefikçe davranmadıkları, davranamadıkları açık...

Almanya artık 19'uncu asırdaki icatçı, inatçı mühendislerin yükselttiği bir sanayi ülkesi değil. Yaşlı nüfuslu, ama hâlen nitelikli teknisyenlerin sürüklediği, bazı dallarda rakipsiz bir sanayi devi... Zenginlik, sosyal demokrat politikaların bir asrı geçmesi nedeniyle (Nasyonal Sosyalizm de demokrasisiz olarak bu politikaları sürükledi) dengeli biçimde dağılmış. Almanya'da çalışan insanlar her zaman kendinden emin; ama işini kaybedeceğini hissederse de canavar... Nazizmi işsizler ordusunun değil, işini kaybetmekten korkan küçük burjuvalar ordusunun destekleyip iktidara getirdiği tarihî bir gerçektir.

Alman'ın uluslararası üslubu modern dünyaya ayak uyduracak gibi değil, gazeteleri Anglo-Sakson ve Fransız meslektaşları gibi değil, daha katılar. Ama asıl beteri; aceleci, saldırgan ve gürültücü bir üslupları var. Teferruatla (ağaçla) genelin (ormanın) bağlantısını kuramıyorlar. Ankara'ya gelen Alman diplomatların düşündüklerine ve önyargılarına öbür Avrupalı meslektaşları da sahiptir. Ancak berikiler diplomat; Alman diplomatlar ise hep yüksek sesle düşünüyor, o yüzden söylediklerinin aksini görmek istemiyorlar ve yanlıştan da dönemiyorlar. Bir konudaki çözümsüz girişimi, başka çözümsüzlükler yaratarak bastırmak istiyorlar. Üstelik bazı aydınlarımız için entelektüel bir merci rolündeler. Oysa insan hakları ve hürriyetin çatısını herkes kendi çatmak zorundadır. Şurası gerçek ki, diplomat memurdur, bağımsız aydın kişilik ve eylemle diplomatlık zor bağdaşır. Ayıp değil, işin icabı budur. Avrupa Birliği'ne yelken açarken de sefaretler personelinden başka pusulalar kullanalım.

Almanya ile işimiz pek zor... Bugünkü diyalog düzenimiz; onların üslubu, bizim de "ne olursa olsun Avrupa" tavrımız, porselen dükkânı ve fili çağrıştırıyor.

Berlin'de bir hafta sonu

Son yüzyılda yükselen ulusçuluğun ve zenginliğin anıtsal başşehri olarak düşünülmüştü; kuşkusuz olamamıştır. Berlin'in temelindeki esas tutarlılık; 18'inci yüzyılda komşu Fransa'nın zulmettiği ve kapı önüne koyduğu Fransız Protestanları, yani Huguenot mültecilerdir. Bu kentin ticaretine, sanayiine, fikrî ve ilmî zenginliğine ilk hız verdiren onlardır. Almanya'nın henüz Yahudiliğe karşı Rusya, Avusturya ve hatta Fransa'dan daha anlayışlı davrandığı zamanlarda bütün Doğu Avrupa'dan göç eden seçkin Yahudiler, Berlin'i yükselen Yahudiliğin merkezi hâline getirdiler. Berliner Judentum (Berlin Yahudiliği) bir zamanlar dünya kültürüne önemli bir katkı sayılan Alman kültürünün ayrılmaz parçasıydı.

Ben hayatımda Berlin Yahudi'sinin ne olduğunu bazı kişilerde tanıdım. Bunların başında bizim ülkemizde Hititoloji ilmini inşa edenlerden Hans Güterbock ve eşi gelir. Ben rastladığımda Chicago'ya göçmüşlerdi ve o seçkin üniversitede bile pırıldıyorlardı. Üstüne bir yığın müzisyen ve ansiklopedi gibi kafalara da rastladım. Bazıları doğrusu hayatta bir yere varamamışlardı. Ama o bir yere varamayanlar bile sözüne sohbetine doyulmaz insanlardı. Berlin Nazilere rey vermemişti; ama sonunda onu savunmak için taş üstünde taş kalmayana kadar direndi. 19'uncu yüzyılın Alman İmparatorluğu Berlin'in temelinin ne olduğuna önem vermedi; Prusyalılar Paris ile yarışan bir anıtsal Berlin inşa etmeye çalıştılar, tabii ortaya çıkan onun karikatürü bile olamamıştı.

Bizim için Berlin birkaç yüz bin Türk ve doğu tarafındaki Museumsinsel (Müzeler Adası) denilen bölgedeki Bergama Müzesi ve Yakındoğu müzeleridir. Osmanlı İmparatorluğu'ndan götürülen nadide parçalarla doludurlar.

Prof. Dr. Nedret Kuran ve Onur Öymen'le birlikte gittiğimiz Berlin canlanmış. Bu halkla ilişkiler firması sempozyumu ücret karşılığı tertiplemiş. Yalnız parayı temin edenler 1930 mültecileri ve onların çocukları; başlarında da Siyasal Bilgiler Okulu'na sığınan ve ünlü bir profesör olmaktan çok, ünlü bir politikacı ve Berlin belediye reisi olan Ernst Reuter'in oğlu Edzard Reuter geliyor. Edzard Reuter'in sözleri elbette Türk sempatisi üzerinde yoğunlaşıyor. Ne var ki, gerçek bu; Türkiye'nin âlicenap davranışı bütün bir kuşak Alman entelektüeline hayat verdi. Tabii biz de istifade ettik. Ankara'da okuduğum lise (Atatürk Lisesi) ve Dil ve Tarih-Coğrafya Fakültesi, Bruno Taut gibi ünlü bir mimarın elinden çıkmıştı.

Berlin canlanmış, renklenmiş. Birleştikten sonra iki üniversitesi olan şehir, talebe dolu... Sömestr henüz sona ermiş. Almanya'nın sorunu kalabalık üniversiteler; tasarruf gerekçesiyle bu üniversitelerin öğretim üyeleri gittikçe azaltılıyor, öğrenci sayısı ise artırılıyor. Doğrusu Avrupa Birliği'nin eğitim düzeyimizi yükseltecek örnek olduğunu bilmeden tekrarlayanlar bu gerçekleri görmeli. Aksine bazı seçkin eğitim kurumlarımızın bu örnekler izlenerek aşağı çekileceğinden endişe ediyorum.

Sokaklarda, kaç nesilden beri tüketen, birikimli bir toplumun ürünlerinin satıldığı açık hava kitap sergileri ve nadide parçalarla dolu bitpazarı tezgâhları kurulmuş; kafelerin sayısı artmış, Doğu Berlin kalkmıyor. Alman Tarih Müzesi yeniden yapılanmış. Ama galiba konser salonları ve opera Budapeşte, Prag ve Moskova ile yarışacak durumda değil.

Sempozyum 1930'lar Türkiye'sindeki ve ABD'deki Alman bilgin ve aydınların serencamı üzerine ama bu arada "Kültür de bir silahtır" sloganı etrafında Alman aydınlarının kaderi ve tutarsızlıkları da tartışılıyor. Frankfurt'ta Direnişçiler ve Sürgün Entelektüeller Birliği Başkan Yardımcısı Ursula Seuss-Hess,

Alman aydınları arasında var olan aşağılık duygusundan söz ediyor. Böyle bir duygu ve suçluluk dışarıdan bakınca da gözlenebiliyor. Ama önemli olan o toplumun bir üyesinin bunu hissetmesidir. Alman kültürü gözler ve derhâl kavramlaştırır. Bu da onun üstün tarafıdır. Ne var ki, bu duygu siyasi platforma yansıyınca, tarihi yeniden çarpıtmak ve yeni suçlular aramak gibi dürtüleri de yaratıyor. Alman aydınlarının soykırım alanında başka ortaklar aramalarını bu durum açıklar. Galiba Türklerle Almanları karşı karşıya getiren önemli bir nokta budur.

ÇEK CUMHURİYETİ VE PRAG

Ortaçağların Bohemya ve Moravya Krallığı Çeklerin ülkesidir. Çeklerin dili Polonyalıların ve eski ortakları Slovakların diline çok yakındır; o kadar ki her birinden gelen üç filozof, üç hukukçu, üç diplomat dahi tercümesiz her ayrıntıyı tartışabilir; lügat kullanmadan kitaplar okunabilir. Ama Çekler diğer ikisinden ayrıdır; daha bireyci, daha girişken ve endüstriyel toplumun çizgilerine sahipler. Kendilerine göre tezatları da vardır. Mesela 1948'e kadar Rusları çok sever ve kardeşliklerini vurgularlardı, oysa Avusturya İmparatorluğu zamanında sınırlarında yaşayan Ukraynalıları aşağılarlardı.

Vakte, saate uyup çalışan adamları akşam küfelik olarak görmek mümkün, bütün Slavlar gibi gelgitleri var; galiba Slav dilleri içinde en zengin argo ve küfür edebiyatı onlarınmış. Avrupa'da Protestanlığın öncülüğünü bu toplum yaptı. Bedeli ağır ödettirildi. Bugün de Katolik dünyaya ait bir ülke gibi görünse de halkın yarısı kendini ateist olarak tanımlamış bulunuyor.

Geçen asırda Pan-Slavizmin ilmî öncülüğünü onlar yapardı. Katolik Polonya ise bu gibi akımlardan nefret ederdi. Soylu sınıfını Kinsky gibi bir iki aile hariç Avusturya İmparatorluğu yok etti ama sanayi, ticaret, mimari ve ilimde faal yükselen bir burjuvazi bütün imparatorluğu ele geçirdi. Bu yüksek kültürün ayrılmaz parçası da ortaya çıktı. Çekler hem kendi ülkelerinde hem Avusturya'da en faal proletaryayı yarattılar.

İmparatorluk zamanında Prag, Brno (Brun) ve Karlovy Vary'ye (Karlsbad) giden büyüklerimiz; Çek mühendis ve işadamlarının, hekimlerin iki üç dil bildiğini, Alman Avusturyalıların Fransızca bile konuşamadığını söylerler. Doğrudur; bütün kozmopolit monarşilerde olduğu gibi kimin kimden hâllice olduğu ve kimin kimi hor göreceği belli olmaz.

Asırlarca Alman-Avusturyalılar ile bir arada yaşadılar. Prag'daki üniversite iki dilde eğitim yapardı, ortak dil ise tabii ki Latinceydi. Çeklerin çoğunun soyadı Almancadır. Ama mesela Viyanalıların da birçoğu Çek soyadı taşır. I. Cihan Harbi'nde Avusturya imparatorluk ordusunun Çek askerleri Slovak kardeşleriyle birlikte karşıdaki büyük kardeş Rusların ordusuna geçiverdiler; Slovaklar o zaman Macar tacına bağlıydı. Ama iki kavim kaderini birleştirdi. İlan edilen yeni Çekoslovakya'nın başkenti Prag'da Alman ve Çeklerin sadece tiyatro ve okulları değil, şehirdeki gezinti alanları bile ayrıydı. Bir Avusturya Almanı toprak sahibi hanım, ünlü cumhurbaşkanı Masaryk'e yakınmıştı: "Ekselans ben şimdi ne yapacağım? Çekçe bilmiyorum." Masaryk, "Ziyanı yok hanımefendi, annem de Çek ama sizin gibi Almanca konuşuyor, hep birlikte yaşarız" demişti. Ne var ki Südet bölgesi Almanları Masaryk gibi değildi; sadece Çekleri değil, Almancayı kendilerinden iyi konuşan Yahudileri de sevmiyorlardı. Hitler'i davet ettiler. Bugünkü Çek Cumhuriyeti'nin II. Cihan Harbi'nden sonra kovaladığı Südet Almanları meselesinden dolayı özür borçlu olduğunu hiç sanmıyoruz.

Franz Kafka, Franz Werfel, Max Brod, Erwin Kisch, Rainer Maria Rilke gibi Alman dilinin en parlak isimleri Prag'da doğdu, yaşadı ve yazdı. Hiçbiri kendisini Alman hissetmedi ama Alman dilini Goethe kadar yaşattıkları açık... Hepsi birbiriyle okul sıralarından beri arkadaştı. *Aslan Asker Şvayk*'in ölümsüz Çek yazarı Jaroslav Haşek, Rilke ile birlikte büyümüştü. Dünya edebiyat tarihinde iki dünya savaşı arasındaki Prag'daki gibi birçok yazarın hâl-i hamur olduğu dönem az bulunur. Sırf yazarların mı? Bütün Alman Avusturya bölgesinin en tipik Jugendstil-Art Nouveau ve Bauhaus dönemi yapıları Prag'dadır. Bizim büyükelçilik konutu da bunlardan biridir. Eski Prag musiki ile devam ediyor. Her köşede bir konser, ne de olsa Mozart'ın hakkını Avusturyalılardan çok Praglılar vermişti.

Çekler bugün Slovaklardan ayrıldı; Slovak aydınların mızmızlanmasını fırsat bilip tarımsal problemleri ve gelişemeyen sosyalist endüstrisiyle başlarına dert olacak bu bölgeyi elden çıkardılar. 10 milyon nüfuslu Çek Cumhuriyeti'nin yüzde üçü Slovak, 60 bini de Polonyalıymış. Adım başında "Slovak'ım" diyen birine rastladığınıza göre, Slovaklar kimliklerini istatistik ofislerinde değil, kahvehanelerde açıklamayı tercih ediyor olmalılar.

Yakında sağda solda iş tutan Türklerin sayısı da buna erişirse şaşmamak gerekir. Çeklerin para birimlerini avroya değiştirmeye pek niyetleri yok gibi, gelen turistlere sarraflık yapmayı tercih ediyorlar. Yanı başındaki Avusturya'ya göre Türkiye ile ticari ilişkileri hızla gelişiyor ve öbür AB üyelerinin aksine birliğe Türkiye'nin alınmasına had safhada sıcak bakıyorlar.

Gezilecek üç şehir

Efsanevi güzellikteki Prag, Alman-Avusturya şehirlerinin hiçbirinde görülmeyecek kadar gotik ve Rönesans üsluplu şaheserlerle doludur. Alman-Avusturya İmparatoru Rudolf'un başkenti Prag, Manierizm denilen geç Rönesans döneminin ve Orta Avrupa Yahudi kültürünün en orijinal örneklerine sahiptir. Nazi işgalinin tahribatına rağmen hiçbir yer Prag kadar Yahudi Eşkinaz kültürünün güzel örneklerini barındıramaz.

Çekya Orta Avrupa'nın barok sanat merkezi, eski Avrupa'yı Karlsbad'da yaşamak mümkündür. Karlsbad yeni zengin Ruslarla dolu ve bu yeni zenginler 19'uncu yüzyılın Karlsbad'ında tedaviye gelen Rus süregelen soylularını ve yazarlarını taklit etmeye çalışıyorlar; bu arayış bile onları bir ölçüde yeni kaba zenginler olmaktan çıkarmış.

Çekler Karlsbad'da Atatürk'ün kaldığı otclin odasını müzc yapacak kadar zarif ve Çekya bir bakıma müzeler diyarı demek... Avrupa'yı görmek ve temel kültürünü anlamak için üç şehri bilmemiz lazım: Floransa, Roma ve Prag. Bu üç şehrin dinginliği, sıcaklığı ve insanı çeken derinliği ne Paris'te ne Londra'da ne de başka bir yerde vardır. Bugünkü Prag turist hücumuna uğramış, doğrusu 1972'de birkaç kere gittiğim Prag'ın sihirli ve sakin havasını sonradan bulamadım. Ama ben yine fırsat buldukça gitmek istiyorum ve herkese tavsiye ederim. Bayramlarda Londra ya da Paris'e hücum etmekten daha kazançlı çıkılır.

HİNDİSTAN

Hindistan; okumakla, resimle, filmle anlaşılacak gibi değil; gidince de anlaşılmaz ama hissedilmeye başlanır. Hindistan eski eserleri ile değil; bağıran sıcak tabiatı ve ovaları dolduran kalabalıklarla sizi karşılar. Resmiyet; "1,3 milyar Hint'in 300 milyonu orta sınıfı teşkil ediyor" diyor. Öyle de olsa 1 milyar aç ve çok fakir bir nüfus var demektir ve gerçekten de var; sokakta üstünüze yürüyen dilenci çocuklar hakikaten aç. 1 milyar aç insanı temsil eden bir heyet gibiler... Yerkürenin en büyük zenginleriyle en sefil insanları, 20 ve 21'inci yüzyılların en aydın ve bilgin kişileri, nitelikli teknokratlarıyla eğitim göremeyen cahil kitleleri Hindistan'da bir arada bulunmak zorunda... Hindistan gibi en kalabalık demokrat ülkenin Çin'in yöntemlerini uygulaması mümkün değil, ancak kentlerde artan refah, aile boyunun küçülmesini sağlayabilir. Refahın ise eşit dağılımlı olarak artması mümkün değil, çünkü bu ülke insanlığın profilini meydana getiriyor.

1,3 milyar insana eşitlik verecek bir dünya, bu dünya değildir. Hindistan'da 60 milyon insanın nüfusa kayıtlı olmadığını, kaldırımlarda doğup kaldırımda öldüğünü resmî kaynaklar bildiriyor. Birleşmiş Milletler memurları "Bu rakamı üçe çarpın" diyor. Nüfusun 800 milyon kadarı Hindu dininden, 130 milyondan fazlası Müslüman, 80 milyon kadar animist dinlerden küçük topluluklar var. 30 milyon kadar Hint de Hıristiyanlıktan... Hindistan'ın bu azınlık rakamı içinde Hint Katolikleri, Vatikan'ın gözünde en hatırı sayılır gruplardan biri, zira Hindistan Katolikleri eğitimli, üretken, kalkınan bir cemaat... Hindistan'ın kast sistemi içinde kast dışı sayılan dokunulmazlar ve alt kast gruplarından bir yığın insan sosyal statüleri iyileştiği ölçüde Hıristiyan ve Müslüman oluyor. Hindistan, dinî hareketliliğin çok yüksek olduğu bir ülkedir. Tabii 25 milyona ulaşan Sih mezhebi mensuplarından söz etmeden olmaz. Pencap eyaletinde çoğunluğu oluşturan bu mezhebin taraftarları, Hindistan'ın en etkin ve güçlü grubunu oluşturur. Orduda, poliste ve idarede küçümsenmeyecek yere sahiptirler.

Kırsal nüfusun fakirliğinin, kentteki sefalete tercih edilir olduğu bir gerçektir. Yeni zenginlerin bütün görgüsüzlüklerine rağmen, Hindistan'ın üst tabakalarının ve yükselen burjuvazinin dünyadaki benzerlerine göre üstün bir görgü, gelenek ve kültür sergilediği de açıktır.

Hint tipi, dünyamızda sarıklı bir Sih ile temsil ediliyor. Oysa Pencap'ta bağımsızlık istiyorlar. Amritsar'daki altın mabetlerinde hükümet kuvvetleri ile girdikleri çatışma ve ardından Indira Gandhi'ye yapılan suikast hatırlardadır. Ama Hindistan gerçeği bazı şeylerin unutulmasını tercih eder. Sihler yeni bir mezhep sayılır. Et yiyorlar ve savaşçılar. Hint Müslümanlarının ise bürokrasideki payı ancak yüzde 1'dir. Bu düşük oranı Hinduların dışlamasına bağlayarak açıklayamayız; Pakistan ayrılınca Müslüman nüfusun eğitimli ve öncü tabakaları Hindistan'dan göçmüş. Kalanlar bir türlü uygun bir konuma oturamayınca, Müslüman nüfusun arasında; "Hindistan alt kıtası parçalanmasa bizim için daha iyi olacaktı" diye sızlananlar artmış. Kim bilir? Belki kanlı çatışmalar artacaktı. Hindistan'ı cahilce ikiye bölen Britanya, karşılıklı göçler sırasında çatışma ve mukateleyi de önleyemedi. Bugün Hindistan ordusunda Müslüman subay istenmediği açıktır.

Buna karşılık bazı azınlıkların durumu pek parlaktır. İran'da dahi sayısı pek azalan, burada ise birkaç yüz bine ulaşan Parsi ve Zerdüştiler var. Bombay'da yoğunlaşan bu cemaatin içinden Zubin Mehta gibi ünlü bir orkestra şefi çıkmıştır. Hindistan'ın önde gelen en büyük kapitalist ailesi Tatalar da bu ırktandır. Mesela bizde sayıları pek az olan Süryaniler, Hindistan'ın güneyinde hâlâ kalabalık... Müslüman nüfus kuzeyde yoğun ama Kerala gibi daha az sayıda oldukları bir bölgede komünistlere karşı siyasi denge unsuru olduklarından daha seçkin ve etkin bir konumdalar.

Hindistan'da dil sorunu daha karmaşık; her şeyi içeren kalın Hindistan anayasası resmî olarak 17 dili sayıyor. Sayılmayan 35 tane Hint dilinin bazılarını bir milyondan fazla insan konuşuyor. Tabii Hindistan için bu çok küçük bir rakamdır. 22.000 (evet yirmi iki bin) lehçeyi ise ancak Hindoloji mütehassısları sayabilir. Tahıl sattığımız zamanlarda Atatürk'ün Ankara'da bin zahmetle kurdurduğu bu Hindoloji denilen dalın durakladığı açıktır. Derhâl geliştirmek lazımdır. Hindistan tetkiklerinin olmadığı Türk akademik dünyası saygıya layık değildir. Hindistan'da kuzey ve güney dilleri arasında anlaşma sağlamak mümkün değil, bu nedenle üst sınıflar ve okumuş takımı kendi özgün telaffuzları fakat çok düzgün ve zengin bir İngilizceyle anlaşmayı tercih ediyorlar. Bu bazen anadili aynı olanların da başvurduğu bir yoldur. Sovyet Orta Asya'sına çok benzer bir durum var.

Çok değil, çok çok renklilik ve çapraz konumlar, Hindistan halklarını ister istemez birlikte yaşamaya zorluyor. Hindistan, çaresi yok, Asya'nın ve dünyanın en büyük demokrasisi olmak zorundadır. Zira bu ülkedeki hiçbir çoğunluk müşterek dil veya din etrafında hâkimiyet kuracak konumda değil. Coğrafya itibarıyla Hindistan'ın hiçbir zümresi geniş ve birleşik bölgelere tam anlamıyla hâkim olamaz; onun için kimse budala Balkan çetecileri gibi etnik temizlik yaparak imparatorluk kurmaya kalkışmıyor. Mazide Babür'ün torunlarının kurduğu imparatorluğun en büyük hükümdarı olan Akbar, tamamen dış bir kültürle, yani İran kültürü ve Farsça ile kozmopolit Hindistan'ın karşısına çıkmayı tercih etti ve Hint hâkimiyetini kendisine sağlayan orduların başında da Hindu racalarla Müslüman komutanlar karışık olarak yer alıyordu. Hindistan bir Gayya kuyusudur. Herkese yer var ama hükmetmeye kalkanlar erir ve kaybolur gider.

21'inci yüzyılın eşiğinde Hindistan

Herkesin bol bol yıkanacağı su yok, onun için pislikle kaynaşarak yaşanmaya alışılmış. Bunun bir yaşam biçimi olduğu, Nehru Üniversitesi'nin su ve fırça değmemiş, kefeke bağlamış pencere camlarında da görülüyor. Bu derbederliğin fakirlikle ilgisi yok. Her köşe, her yol kenarı insanların çoluk çocuk gecelediği yer; hem de açık hava tuvaleti. Avrupa'nın "Moğol Devri" dediği Baburiler zamanından kalma şaheser camilerin avlularına girerken pabuç çıkarttırılıyor; lakin bu avlular dışarısı kadar pis. Agra gibi şehirlerde gruplar hâlinde inekler, domuzlar, eşek, keçi ve köpek sürüleri geziniyor. Çoğu aç ve sahipsiz, bulduklarını yiyor. Çöplüklerin etrafında birlikte karın doyurmaları bir dayanışma örneği... Kedi ile Hintlilerin arası iyi değil; rahatça gezinen, kimsenin tiksinip ürkmediği iri lağım fareleri ile arası kötü olan kedileri onlar da dışlamış, Müslüman mahallelerine itmiş.

Hindistan'ın çarpıcı başka yönleri var; az rastlanacak seçkin bir burjuvazi ve sadece parasal zenginliği ile değil, ananeyi biçimlemesi ve dünya kültürünü benimseme düzeyi ile de insanı çarpan bir sınıftır. Delhi'nin Hindu burjuvaları o sınıfın Pakistan'a göçen Müslüman üyelerini hâlâ özlüyor. India Center'da "Rusya seçimleri" üzerine konuşan üç Rus profesörün çevirisini yapan Hint'in İngilizcesi müthişti, Rusçasının da öyle olduğu malum... Ama asıl ilginç olanı; 30 küsur dinleyicinin, bir yığını yer yer kaçınılmaz olan çeviri hatalarını koro hâlinde düzeltecek kadar Rusçaya vakıf olmasıydı.

Hindular üçüncü dünyacılığın merkezidir. Oraya adım atan herkes o havaya kapılır ama Hindistan asla birinci dünya ile işbirliğinden ve o düzenin izleyiciliğinden vazgeçmiş değil. İktisadi bakımdan asla bağımsız olmadı, politikaları da öyle ama kimliği bağımsızdır. Çünkü Üçüncü Dünya'dan da Birinci Dünya'dan da daha renkli bir aydın sınıfı var. Jawaharlal Nehru Üniversitesi'nde Osmanlı modernleşmesi üzerine konuşuyoruz. Hiçbir ülkede uzak Türkiye'yi bu kadar yakından izleyen meslektaş kalabalığına rastlamış değilim. Dinleyenler arasında Türkçeyi ve Türk tarihini bilen her nesilden birkaç uzman var. Bu anlamda Türkiye gibi ülkelerin refah düzeyleri önde gelse de bilim ve bilgi birikimi itibarıyla Hindistan'ın önüne geçtikleri söylenemez.

Çizgiyi aşan Hintler herkesi hayran bırakıyor, çizginin altında kalanlar ise beşeriyeti dehşete düşürüyor. Sanayi büyüyor, bilimsel gelişme yolunda gidiyor ama Hindistan'a adım atanlar "Dünden bugüne ne fark etti?" sorusuna iyimser cevap veremiyor. Gözlerimize mi inanalım, istatistiklere mi? Tac Mahal'in, Fetuhpur Sikri'nin görkemini ve güzelliğini; Agra sokaklarının sefaleti unutturuyor. Toplumun üst tabakasında yaşayan tolerans, hatta daha ötesinde birlikte var olma sanatı; kırsal kesimde ve alt sınıflarda nefrete dönüşüyor.

Hindistan kendi sorunlarıyla demokratik rejim içinde boğuşuyor. Tarih boyunca Batılı ülkelerde bile komünistler bu kadar rahat çalışamamıştır. Hint rüyası ani uyanmalarla kesiliyor; gerçeğin dehşetinden dolayı bir süre sonra sırtını dönüp uykuna devam ediyorsun. Hint bilgeliği açlık ve cehalet karşısında ayakta durmaya çalışıyor ve doğrusu Hindistan'ın yolunu bütün insanlık merakla izliyor.

Bu kadar kalabalık bir nüfus için bizim alıştığımız sigorta ve sağlık sigortasının tasavvur bile edilemeyeceği ortada. Hoş, bildiğimiz sağlık sigortası ve emeklilik sisteminin Batı Avrupa'da bile daha ne kadar devam edeceği tartışılır hâle geldi.

Hindistan alt kıtası çocuk ve ucuz kadın emeğinin yaygın olarak kullanıldığı bir dünya... Bayılarak aldığımız, giydiğimiz, kullandığımız takıların, kumaşların, deri ve ağaç eşyanın bu istismara dayandığı açıktır. Yolda üstünde yürüdüğümüz kesme taşların bile âlâsı böyle oluyor. Başka çıkarı yok. Ama unutmayalım, Hindistan alt kıtası büyük sanatçıların, ressamların, çok deruni yazarların yurdudur. Bombay (Mumbai) büyük bir sinema endüstrisinin merkezi ve geleceğin sinemasını Hindistan götürecek.

Mohanco-Daro medeniyetinden, yani üç bin yıldan beri Hindistan düşüncenin, matematiğin, dinî metinlerin ülkesi... Hint medeniyeti eski bir medeniyet ve bütün eski medeniyetler gibi acısı ve tatlısı, inceliği, ihtişamı, felsefesi ve gaddarlığıyla elan sürüyor. Hatta belki kültürel mirasın böylesine etkin biçimde devam ettiği tek bölgedir. Toplumsal eşitsizliğin dibinde dahi bir dinginlik var ve toplumun hayatı öyle sürüyor.

Yakın zamanlara kadar kuzeyde Himalayalar, güneyde Hint Okyanusu onu dış dünyanın etkilerinden korumuş ama Hindistan etrafı etkilemiş. 15'inci yüzyıldan itibaren Babür İmparatorluğu orada muhteşem bir sentez meydana getirmiş.

Hindistan'ın kendi zenginliği, İran ülkesi sentezi ve Osmanlı Türkiye'si kadar her yerden gelen ustaların yarattığı bu şehirler başta Tac Mahal olmak üzere Hindistan'ın sembolü olmuş vaziyette.

Dönemin büyükelçisi Halil Akıncı ile Jawaharlal Nehru Üniversitesi'ne, Aligarh İslam Enstitüsü'ne ve Delhi'deki Jamia Millia Islamia denilen üniversiteye konferanslara girdik.

Bir kere şunu söyleyeyim; Hint Müslümanları kadar her fikre açık ve tartışmada seviye tutturanlara rastlamak zordur. İnsanı hayran bırakan bu Hint aydın davranışının kaynağını

Britanya dönemi diye açıklamak fazla ucuzluk oluyor. Belli ki insanlar arkalarında binlerce yıllık bir gelenekle geziyor.

Bütün yerküre gibi havalar çok güzel, yani berbat; sonumuz ne olacak bilemiyorum. Jaipur'da Rajaların yağmur gölü ortasında yer alan ve "Su Sarayı" diye bilinen nefis yapı suyun değil, çamurun ortasında. Kuraklık geleceğini şimdiden haber veriyor. Ortalık yine cıvıl cıvıl; çöpçü kadınlar bile rengârenk sârileri içinde çalışıyor. 18'inci yüzyılda şekillenen Hindistan'ın barok şehri diyebileceğimiz Jaipur Çarşısı rengârenk...

Hindistan'ın gelişen sanayii üç bin yıllık şıklığından aldığı hızla dünyaya yayılıyor. Koca kıtanın trafiğini yolların karşılaması imkânsız... Şehrin içi gibi şehirlerarası yollarda da tıkanıklık var.

Deve ve öküz arabaları, filler, kamyonlar sol şeritte fakat herkes birbirini solluyor. İnsanın yüreği ağzına geliyor ama belli ki soğukkanlı ve usta sürücüler.

O hassas denge her şeye hâkim... Benares'te (Venarese) yılın belirli bir döneminde 60 milyon kişi Ganj Nehri'nin sularına giriyor; o mistik ortamda okunan dualar bir gulgule değil, etkileyici bir musiki ve henüz 60 milyonun birbirini ezdiğine rastlanmamış.

Toplum bireylerinin yeteneği çok ama tabiat ve tarih hep zorluk çıkarmış. Hindistan'ın dışarıya yolladığı turist sayısı her yıl yüzde 25 artıyor. Bu, Türkiye'de dahi hissediliyor. Söz konusu dünyayı tanısak da tanımasak da ilişkiler artıyor. Onun için iyi tanımak gerekir. 1930'larda 17 milyon nüfuslu, tahılla beslenen Türkiye, bozkırda kurduğu üniversiteye dünyanın ünlü Hindoloji uzmanı Walter Ruben'i getirmişti. Dil ve Tarih-Coğrafya

Fakültesi bir anda bir Hindoloji merkezine dönüştü. Atatürk gibi büyük adamların sezgilerini halefleri her zaman anlayıp izleyemez. Bugün biz Hindistan'ı turizm aracılığıyla tanımaya çalışıyoruz. Oysa Büyükelçiliğimizin Delhi'ye getirttiği Türkçe öğretmenlerinin talebeleri bir hayli kalabalıktır.

ÇİN

Çin, Batı medeniyetinin dışında tutulan bir kültür ve medeniyet çevresidir. Bu üstelik son iki asra ait Batılı görüşü değil; 11'inci yüzyılın Endülüslü Müslüman bilgini Kadı Ahmet El Andalusi dahi; medeniyete hizmet eden milletlerin (yani Mısırlı, İranlı, Yahudi, Yunan, Romalı, Hint ve Araplar) dışında Çinlileri zarif, pratik zekâlı ama uygarlığa hizmeti olmayan bir kavim diye sunar. Kısmen haklıdır. Akdeniz insanının matematik bilgisi, coğrafya anlayışı, felsefi düşünce birliği Çin'de yoktu. Birtakım gelişmiş aletler (pusula, kâğıt, barut) veya hünerli dokuma ve madeni eşya, şahane porselen Ortaçağ'da Akdeniz uygarlığını temsil eden Endülüslü Kadı Ahmet'i etkilese de, bu yorumundan saptıramamış. Çin 19'uncu yüzyılda Batılılaşan Japonya'nın ardından çağdaş dünyaya adım attı. Galiba dünyaya en hızlı açılım için gerekli kültürel altyapı yatırımlarını da 1960 ve 70'li yıllarda yaptı. 1970'lerde mavi yakalı ve tulumlu Çinlileri Batı'nın büyük üniversite kentlerinde görmek mümkündü; birkaç ay içinde İngilizceyi, Fransızcayı birtakım garip yöntemli okullarda, kendine işkence yöntemiyle mükemmel öğreniyor ve ihtisasa başlıyorlardı. Kendi meslek grubumda İngiltere tarihini Anglo-Sakson Ortaçağ belgelerinden sökmeye çalışan mavi tulumlular yanında, Avusturya arşivlerinin garip belgelerini yerel tarihçiler kadar doğru çözenleri, İtalyan arşivlerinde tıpkı Avrupalı meslektaşlar gibi Rönesans tarihini kazıyanları da görüyordunuz. Çin ciddiydi. Yoksulluğuna rağmen Batı'yı inceden tetkik edip öğrenmek istiyordu. Tıpkı bir vakitler tahıl, incir ve üzümle geçinen on yedi milyonluk Türkiye'nin Avrupa'ya klasik arkeolog, Bizantinist, Germanist, Hungarolog yetiştirmek için öğrenci göndermesi gibi... Batı'nın müziğini de geçen asırdan beri vazife diye öğrenmişler; tabii artık bütün dünya senfoni orkestralarında Çinliler var, Çin'de de bir alay orkestra... Batı; elektrikli aletleri, tıbbi bilgisi ve teknikleri kadar müziği ve günlük kıyafetleriyle de girmeye başladığı zaman küreselleşmenin resmi tamamlanıyor. Televizyonda seyrettik, artık Çin İmparatorluğu'nun yasak kentinde bile Pavarotti konseri veriliyor, büyük devrim doğrusu; çünkü refakat eden orkestra ve koronun Çinlilerden oluştuğunu görüyorsunuz. Ortaçağ gezgini Marco Polo, bu kadarını tasavvur edebilir miydi acaba? Ama madalyonun öbür tarafı da var; Pekin, Luciano Pavarotti'yi kültürel bir özlemden çok 2008 Olimpiyatları'nın getireceği paranın iştahıyla ağırlıyor gibi... Turizmle her şey kitleselleşiyor, basitleşiyor ve hatta bayağılaşıyor. Sahte tebessüm ve şarlatanlık gerçek bir kabul ve uyumun yerine geçiyor. Doğuluların Batı'yı benimsemesindeki en endişe verici yan bu. Henüz tam oturamamış bir yaşam biçiminin ticarileşmesi ve yüzeysel uygulanması; değişen toplum yapıları ve kültürde büyük tahribat yapabilir.

Çin nasıl Batılılaşıyor? Derin bir yapısal dönüşüm mü, yoksa para için turizme pompalanan bir kültürel dönüşüm mü söz konusu? Yüzyılın kültürel değişimi evrensel değerler etrafında değil, küresel turizm hareketleri ve yatırım projeleri etrafındaki çalkantılarından oluşuyor âdeta. Bu gelişmenin ulusal kültürleri, rızalarıyla girilen bir uyumlu kültür değişimine değil de paldır küldür içine yuvarlandıkları bir tahribata sürüklemesi mümkün... Evrenselleşmek bir gönül (beğeni) ve akıl (mantıklı uyuşma) işi; kazanç saikiyle yapılan birleşmeler, insanları barışa mı, yoksa yeni sürtüşme ve çatışma noktalarına mı götürür belli değil. Yaşadığımız kültürel tarihin ileride mutlu sonuç doğurması kadar, pembe bir rüyanın buruk sabahında bitmesi de mümkün...

JAPONYA

Japonya tezatlar içinde gelişen bir tarihin ülkesi; dünyanın en eski seramik sanatı ürünleri burada, hatta eski Mısır ve Mezopotamya ile yarışacak kadar eski ama seramik sanatlarına kaynaklık eden ülkeden, yani Çin'den yazıyı ancak milattan sonra 7'nci asırda almışlar. Çin, Japonya'nın kültür kaynağı ama iki halkın yaşamı da davranışı da sanatları da çok farklıdır. Çin kültürü ne kadar baroksa Japon kültürü o kadar sade...

Japonya denilen adalar topluluğu Britanya gibi ismi konan bir yabancı istila görmemiş; hatta geleneksel kültürün istilasına bile izin vermemek için Tokugava ailesinden gelen bütün şogunlar dönemi boyu Japonya dış dünyaya kapanmış. Şogun otoritesini kullanamayan fakat kutsallığından dolayı tahttan da indirilemeyen imparator adına bütün iktidarı ele geçiren bir naip gibi; bunu yarı şaka yarı ciddi, kralı yerinde bırakan ama İtalya'yı yöneten Mussolini gibi düşünebiliriz.

Japonya dış dünyaya kapandığında güneydeki küçük bir liman olan Nagazaki'den sadece Hollandalılar ve Asya'dan da Çin gemileri dışında kimse girip çıkamamış. Japonlar bu dönemde Hıristiyanlığın girişini şiddetle yasaklamış ama Hıristiyan dünyanın bilgilerini pek dışlamadıkları anlaşılıyor. "Hollanda ilmi" denilen Avrupa bilimi; anatomi, tıp, sonra hukuk ve kuşkusuz felsefe ile ilgiyi koparmadı demek. Japonlar Immanuel Kant'ı günü gününe birçok Doğuludan evvel tanımışlar; bunları çeviren mütercim hanedanları var. 1860'lar ve 70'lerde tekrar iktidarı ele alan Meiji yönetimi, bizim gibi İsviçre Medeni Kanunu'nu değil, ondan daha zor yapılı ve çetin kavramlı Alman Medeni Kanunu'nu bizden 30 yıl evvel, 1894'te kabul ediyor. Anatomi ilmini, yani kadavra üzerinde çalışmayı bizden de Çarlık Rusya'dan da önce tercümeler yoluyla öğrenip başlamışlar. 18'inci yüzyılda kullanılan zor yazıya rağmen, Japon toplumunun yüzde 30'u okuryazar, kadınların içinde bu oran yüzde 15'tir. Bu oran o zaman için bütün dünyada en yüksek olanıdır. "Bu kadar okuryazar ne işe yarardı?" diye soracaksınız. Ön planda toplumun örgütlenmesini, iletişimi ve bir ülkü etrafında toplanmasını sağladığına şüphe yok. İşin ilginci köylerde okuma yazmayı öğretenler bazı Budist rahipler kadar köyün despot yöneticileri samuraylardır. Demek ki samuraylar sadece şiddetle değil, insanların gönlünde öğretmen olarak kurdukları tahtla da düzeni sağlamışlar.

Endüstri çağında Japonya bütün coğrafi olumsuzluğa rağmen çok özgün yöntemlerle sanayileşen dünyaya intibak edebildi. Kendinden önce bu alana adım atan Rusya'dan ve kendiyle birlikte modernleşmeye çalışan Osmanlı'dan da öne geçerek...

Prens Mikasa'nın davetlisi olarak Tokyo'daki Metropolitan Müzesi'ne gittim. Tokyo çok kalabalık, gündüz içeride fazladan 30 milyon insan var. Bu 30 milyon her gün etraftaki şehir ve kırlara gidip geliyor. 40 milyon nüfusun bu kadar rahat işleyebilmesi ve trafik tıkanıklığının İstanbul, Moskova ya da Paris'teki gibi çığrından çıkmamasını bir tek unsurla izah ediyorlar: Detaylı, programlı bir biçimde ulaşım sisteminin hazırlanması ve her şeyden evvel sürücülerin etrafa olan saygısı. Japonya saygılı insanların ülkesi, vagona giren biletçi girip çıkarken herkesi selamlıyor. Turnikelerin başında bekleyen memur herkese teşekkür ediyor. Batı Avrupa'da bu işi yapan, gayet asık suratla oturur. Bazı ülkelerdekiler uyuklar. Japonlar kadar bitmeyen enerjiye sahip insanlar nerede var dersiniz? Bizde! Kadıköy ve Üsküdar vapur iskelelerine bakın, ne var ki bizdeki görevliler enerjisini Japon meslektaşları gibi herkesi selamlamakta değil, haşlamakta kullanıyorlar.

Japonya'yı tarif edenler "ayrıntılara dikkat eden ve sadeliği sevenler" diye özetlerler. Bu doğru görünüyor. Gittiğimin üçüncü günü Ahamanişler devri İran'ını konu edinen bir sergi vardı. Malzeme Tahran'daki Kültür Tarihi Müzesi'nden geliyordu. Doğrusu muhteşem bir seçimdi. Sergi hazırlanırken parçaların teşhir platformunu çakan ustanın yüzü unutulacak gibi değil. İşine yoğunlaşan gözler 100 kilowattlık bir enerji saçıyor gibiydi, oysa altı üstü çivi çakıyordu. Serginin açılışında İranlı memurların uzun nutukları, Japonların kısa ve sade nutuklarıyla tezat teşkil ediyordu. Türkiye'deki arkeolojik kazıların ve şimdi de Kaman'da kurulan arkeoloji müzesinin hamisi Prens Mikasa ile uzun boylu görüşme fırsatımız oldu. Doğrusu onun ve etrafındakilerin Türkiye üzerindeki bilgileri çok ilgimi çekti.

Japonya, endüstri toplumları arasında Türkiye'ye karşı önyargıların pek bulunmadığı bir ülke, bu biliniyor. Ama Japonya'daki Türkoloji biliminin izdüşümü olan Türkiye'de Japon araştırmalarından söz etmek güç, henüz doğuş hâlindedir.

130 milyon insan, iklimi çok farklı 3 bin kilometrelik bir hat üzerindeki dört ana ada ve kalabalık takımadalarda yaşıyor. Yüzölçümü Türkiye'nin beşte ikisi kadar, çoğu aktif olmasa da 80 küsur yanardağ var ve deprem kuşağı üzerinde bir ülke... Görünümü ormanlarla kaplı olduğu için güzel olsa da dağlık; arazinin ancak yüzde 13'ü kadarında tarım yapılabiliyor. Buna rağmen Japonya, pirincini kendi üretebiliyor. Japon'un okyanustan beslenmesi kadar gerekli ve doğal bir eğilim olamaz. Bu nedenle de Tokyo balık pazarı dünyanın en ilginç çarşılarından biridir. Sabahın erken saatlerinde birlikte oraya gittiğimiz Japon rehberimiz buraya pek gelmediğini ve pazarla pek ilgilenmediğini söyledi. Bu da globalleşen dünyanın genç insanı... Millî mutfak ve gıda ile ilgilenmemeyi marifet sanıyor.

Tarih boyu hep sıkıntılarla ve tabiatla mücadele eden ama güler yüzlü kalmayı bilen bir ülkedir Japonya. Yeryüzünün bu üçüncü sanayi ve iktisadi kuvvetini hiçbir şey yenemez. Galiba tek sıkıntıları son 50 yıl içinde üçte bire düşen doğum oranı ve azalan nüfustur. Japonya'da en az görülmeye başlayan şey çocuktur. Bir zamanlar İtalya ve Japonya gençlik ve kalabalık aileler ülkesiydi. Bugün ise İtalyan ve Japon çocukların önemli bir bölümünün dayı, amca, hala ve teyzeleri olamayacağı söyleniyor. Demek ki doğum kontrolü her zaman için tek çıkar yol değil. Belki de kaçınılmaz bir gelişme ama toplumların düşük doğum oranını bir başka seçenekle karşılamaları lazım.